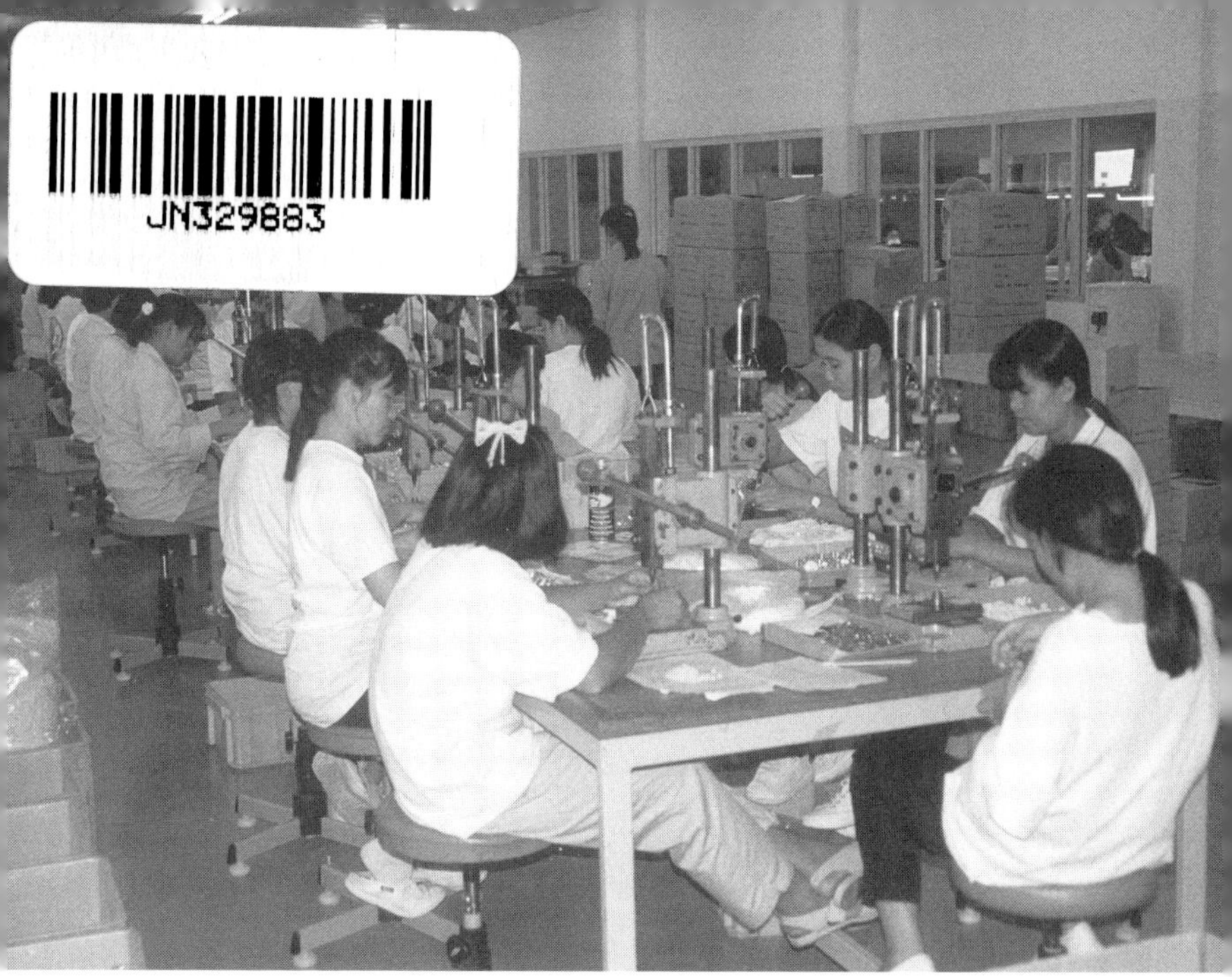

フィールドワーク選書 2

印東道子・白川千尋・関 雄二 編

微笑みの国の工場

タイで働くということ

平井京之介 著

臨川書店

はじめに

一九九三年六月からの約一九ヵ月間、僕はタイ北部にある日系の工場とその周辺村落において人類学的なフィールドワークをおこなった。

この本は、そのときの「フィールドワーク体験記」である。フィールドワークにおいて経験したことや感じたことととともに、それらを通じて僕が「タイ文化」や「日本企業」をいかにして理解していったかを紹介していく。その意味では限りなく「民族誌」に近いが、人類学的なフィールドワークの魅力や苦労、可能性を伝えることに主眼を置いているから、厳密には民族誌ではない。

いま、こうして自分の研究室で、その一九ヵ月のことを考えると、とても不思議な気がする。本当に起こったことという現実感がなくなっている。もしかしたら全部が自分の空想ではないかとすら思えてくる。しかしこれは本当に起きたことなのだ。手元には僕が書いた二十数冊のフィールドノートが残されている。

現在の時点で考えることとは区別して、それぞれの時点で僕が考え感じていたことをなるべく正直に記したつもりである。創作したり脚色したりせずに、フィールドノートをみながらできるだけ民族誌のルールに則って書いた。それが可能だったのは、僕が思ったことを細かくフィールドノートに記録していたからである。とはいえ、関連のない話をただ時間軸に沿ってつなぎあわせただけでは読者に混乱を与えるから、テーマを決めて話題を集め、必要と思われる箇所には説明を加えて、章ごとにある程度の意味のまとまりをもつように編集してある。

この本は、人類学や異文化コミュニケーションをこれから学ぼうとする人には参考になるに違いない。でも、そうした人びとだけに向けて書いたわけではない。フィールドワークに関心があるすべての人が読んでおもしろい読み物になるように心がけたつもりである。あるいは、多様な価値観や文化が混ざり合う環境で働く人、これから働こうとする人にも参考にしてもらえるんじゃないかと思う。

目次

第一章　リクルート大作戦

北部工業団地

田中無線の中川社長はがっしりとした体つきで、ワイシャツにネクタイの上から作業服を着ていた(注1)。いかにも実直な工場管理者という感じの方である。向かい側に座って僕の顔をみるなり、北部工業団地の説明をするためにお会いするということで了承願いたい、と宣言した。僕の調査には協力できないと暗にいっているようだった。

「ここには三三名という、このエリアとしては飛び抜けて多い日本人が働いています。田中無線ではこの日本人全員が京都から連れてきている人間です。他からはとらないというのがうちの方針です」。

「京都から来た人間しかダメということですか?」

「まあ、そういうことです。失礼かもしれないが、三三名のうち、ほとんどが技術系の人間です。平井さんに働いてもらう部署がない。英語と少しタイ語ができるからといって、それで内部をかきまわされたくないんです。平井さんの趣旨と研究に興味はありますが、企業経営としてはマイナスだと思う」。

「タイ人として雇ってもらうわけにはいきませんか？　彼らといっしょに働きますから」。

「タイ人といっしょに働いたとしても、まわりのタイ人は平井さんのことを日本人と思うでしょう。それに、日本人内部での関係が悪くなるかもしれません」。

正論である。だからなにも反論できなかった。僕の顔が少しこわばっていたのだと思う。中川社長がいった。「団地内のいくつかの企業は、現地で日本人を採用しています。どこかの企業はおそらく、うんといってくれるでしょう。特に新しいところは、六ヵ月だけでもなにかを任せて『やって欲しい』というかもしれない」。

バンコクから夜行列車で約一二時間、北タイの中心都市チェンマイに着く。そこから南へ車で一時間ほど下ったところに、北部工業団地がある。一九八〇年代半ばに建設されたタイ工業省直轄の工業団地だ。僕の調査当時、団地内には電子部品や服飾品、加工食品、化粧小物などをつくる工場が全部で八六社あった。日系はそのうちの約三割だが、比較的規模の大きいところが多く、工業団地全体の従業員一万六千人のうち、一万人が日系の工場で働いていた。田中無線はなかでも最大規模の電子部品組立工場であり、従業員は三千人を超えていた。

僕は六ヵ月から一年程度、フィールドワークをさせてくれる日系の工場を北部工業団地で探していた。事前に連絡がとれなかったので、チェンマイに来てから在チェンマイ日本駐在員事務所を訪ね、チェンマイ日本人会会長の嶋田さんと、北部工業団地日系企業連絡協議会会長の中川さんを紹介してもらった。紹介してもらった、といっても、名前と電話番号を聞いただけである。僕はまず

写真１　高速道路から北部工業団地への入り口。正面にある塔を越えたあたりにゲートがあり、守衛が荷物の搬入をチェックしている

写真２　北部工業団地にある工場。守衛がいて、部外者を門の中に入れない。就業時間になると、妻を迎えに来る夫のバイクで門の前は大混雑になる

中川さんに電話をかけ、会う約束を取り付けた。調査をさせてくださいと単刀直入にお願いして会ってもらえないのは困るから、北部工業団地の概要についてお話をうかがいたい、とお願いした。僕がこれからしようとしている研究に興味をもってもらい、タイミングを見計らって、田中無線で調査をさせてもらえないかと切り出すつもりでいた。ところが、会うなりくぎを刺されてしまったのである。どうやって切り出そうかもなにもなかった。

参与観察

全体で一八ヵ月間のフィールドワークのうち、少なくとも三ヵ月、できれば半年から一年、ひとつの工場で参与観察することを僕は計画していた。参与観察とは、調査者が調査対象である集団のメンバーとなり、長期にわたって親密な関係を保ちながら、彼らの日常的な活動に参加し、観察するという調査手法である。人類学的なフィールドワークの基本的な構成要素、あるいはその同義語といってもよい。

どんなタイプの調査をするにしても、企業から許可を取るのは簡単なことではない。アンケートや短時間のインタビューでさえそうだが、長期にわたって企業に入り込む人類学的な調査ともなればなおさらである。たんに役に立たないというだけではない。人類学者や社会学者を積極的に嫌う理由が企業にはある。人類学や社会学における企業研究は、経営者の立場からマネジメントの改善について考えるというよりは、労働者の立場から経営者の搾取や抑圧を批判する傾向がある。

企業で長期調査の許可が得られない人類学者や社会学者は、しかたなく、企業の外で集めた労働者の語りから企業の中の出来事を再構成し、説明する。あるいは、数日間の工場見学や、社員寮での宿泊によって、工場内の雰囲気を知ることで満足する。ところが、これだとどうしても、労働者の語りがどれだけ職場の実態を反映しているかという疑問が残ってしまうことになる。

どうしても長期のフィールドワークをしたいけれど、企業からは調査許可が得られない。そこで潜入ルポをしようという人が出てくる。会社や上司、はては同僚にまで、自分が調査目的でそこにいて、体験をもとに研究成果を発表しようとしていることを、調査の後半、場合によっては終了するまで、ひたすら隠し続けるのである。身分を隠せば雇われるのは比較的簡単だし、必要なデータを集めた後は、適当な理由をつくって辞めてしまえばよい。もちろん、こんな方法は倫理的な配慮に欠けている。ある日突然、あなたの同僚が、あなたの行動や発言をまとめて論文として発表したらどう思うか、考えてみればわかる。調査者は調査対象者にたいし、調査をする意図とともにその目的について明確にしたうえで、はじめて調査対象者に協力を求めることが許される。

潜入ルポには他にも問題がある。情報源が限られてしまうため、議論が一方的になりがちなのだ。ある社会学者は潜入ルポによって工場を調査したが、労働運動への思い入れがあまりに強くなり、労働者の見方に一定の偏りがあることがみえなくなってしまった。(注2)おそらくその主たる理由は、調査対象集団と異なる立場の人びとからデータが取れなかったことにある。労働組合のメンバーになった調査者は、経営者やマネージャーに調査者として接することができない。となればどうしても、経営者やマネージャーの言い分をいっさい聞かずに、彼らを告発するだけの民族誌ができやすくなる。

参与観察したいが、潜入ルポは使えない。では、どうするか？　チェンマイに来る前に、バンコクでお会いしたある日系メーカーの現地社長から、僕はこんなアドバイスをいただいていた。

「どうやって会社と協力関係をとるかということは難しいでしょうね。一日や、せいぜい一週間なら、なんとかうんというでしょう。でも、半年、一年ものあいだ、仕事と関係ない邪魔な人間がうろうろするのは会社にとって認めがたい。それならむしろ、半年なら半年、そこで社員として働かせてもらったらどうだろうか」。

調査の目的や意義について理解してもらう。そのうえで、社員として働かせてもらえるようにお願いする。これが僕の基本的な戦略であった。

不採用の理由

三週間後、僕はタイＮＭＥという電子部品の組立工場を訪問した。電話をかけると、今すぐなら時間がとれるというので、バイクに乗って慌てて出かけていった。

秘書に案内され、社長室へ入ると、奥の机で仕事をしていた本城さんが立ち上がり、椅子に掛けていた背広を羽織って、部屋の中央にあるソファに座った。電話で受けた印象のとおり、朗らかで人の良さそうな方である。「自分は二ヵ月前に交替で来たばかりなので、現場のことはあまり詳しく知らない。人事面に関してはすべて大内さんに任せているので、いっしょに話を聞いてもらいます」といって、管理部長だという大内さんを呼んだ。大内さんは入ってくると、なぜか鋭い眼光で僕をにらんだ。

僕はまず、簡単に自己紹介し、それから調査の趣旨を説明した。「わたしがこの調査で明らかにしたいことはふたつあります。ひとつはタイの日系企業において、日本人マネージャーとタイ人労働者のあいだで文化の違いによる衝突が起こっているのか、いないのか。起こっているとしたら、それはどんなものか。もうひとつは、これまで主として農作業などに従事してきたタイ人女性が工場で新たな経験をすることによって、村での生活にどんな影響を与えているか。こうした問いに答えるために、半年間、あるいは一年間、工場で調査をしたいと考えています。どんな立場でもかまいません。ここで調査をさせていただけないでしょうか。あるいは、ふつうの従業員として雇っていただけたら、働きながら調査をするというのでもかまいません(注3)」。

相づちをうちながら話を聞いていた本城さんは、「どうですか」と大内さんに意見を求めた。大内さんはいかにも気が進まないという顔をしていた。

大内さんは最初に研究と仕事の違いについて話し、それから僕の存在が工場の運営に妨げとなる可能性についてこういった。「八九年に日本から来た第一陣がすべて引き揚げて、いま第二陣にスタッフが入れ替わったばかりで、去年の夏に来たわたしが一番長いのです。これから第一陣が築いてきたもののうえに、第二陣が新たに付け加えていこうとしはじめたところで、外部の人間を入れて刺激したくないのです。ＮＭＥには途中入社の人間もいるが、みな長いスパンでものごとをみています。半年や一年だけ外部の人間を入れるのは会社にとってプラスにならないでしょう」。

大内さんは迷惑そうな様子を隠そうとしなかった。横で苦笑いしながら聞いていた本城社長が、すまなそうにいった。「はじめにお電話をいただいたとき、平井さんの感じがとてもよかったので、会って話を聞こうと思ったのです」。

そこで会話が途切れた。そろそろ引き揚げどきだろうと感じていたところで、「これは余談ですが」と、大内さんが口を開いた。しばし沈黙が訪れ、僕は落としていた視線を大内さんに向けた。

「イギリスで勉強されている平井さんは遅れていると思われるかもしれませんが、日本企業はカタチで人間を判断するんです。服装をみて、その人がどんな人かを考えるんです」。

「余談ですが」と前置きすると、人は本音をいうものである。大内さんがいっているのは、僕の服装のことだった。本城さんと大内さんはきちんとネクタイを締め、スーツを着ている。このときはまだ知らなかったのだが、日本人の管理職は、どこへ行くにも運転手つきの自家用車で移動し、エアコンの効いている場所から外へ出ることがない。それで暑いタイでも上着までしっかり着込んでいることが多い。僕はＴシャツにジーンズだった。ジーンズは田中無線を訪問したときにもはいていたが、そのときは上にチェンマイで買った襟付きの半袖シャツを着ていたから、それほど目立たなかったのかもしれない。この日は、朝九時にＮＭＥに電話し、一一時に会う約束を取り付け、喜び勇んでアパートを出てきた。僕は、たまたま朝から白いＴシャツを着ていた。胸に大きな夕日とヤシの木の絵があり、その下に英語で「オアシス・イン・エジプト」と書かれた、白いTシャツである。恥ずかしくて、頭に血が逆流しているのを自分で感じた。

社長といえども新参者である本城さんは、はじめから大内さんしだいだったのだと思う。大内さんの厳しい態度が、そして最終的な不採用の決定が、どの程度僕の服装によってもたらされたものかはわからない。しかし、大内さんに断る正当な理由を与えてしまったことだけは確かである。いくら慌てていたとはいえ、朝、電話を切ってから工業団地に着くまでに、一度も自分の服装に注意を向けなかったわけではない。少なくとも、ためらいを感じた一瞬はあった。それでも、ここはタイなんだし、ただ話を聞きに行くだけだし、僕は英国の学生で、スーツをもっていないのだから、許してもらえるんじゃないかと思った。いや、意識してそう思ったのではないけれど、そうした甘い考えが頭の隅にあったと思う。

作戦変更

失敗を取り戻そうと焦っていた。タイNMEから帰るとすぐに、僕は次の会社に電話をかけた。電話口に出た山田オプトの谷口社長は、なぜかオドオドしていた。こちらが面会の希望を伝えると、「どうやってこの電話番号を知ったのか」、「どうして山田オプトなのか」、「どうしてわたしなのか」と、どもりながら早口でたずねた。日本駐在員事務所と田中無線で紹介してもらったというと、少し安心したようだった。

「本社に許可をもらいましたか？」

「いいえ、まだ連絡していません。本社に許可をいただく必要があるのですか？」

「本社に許可をもらえば、喜んで協力しますよ。本社の命令がなければ、なにもしません」。そう言い切ると、谷口社長は僕に調査に協力してくれそうな他社の紹介をはじめた。降りかかってくる災難から逃れようと、必死に矛先をずらそうとしているようだった。電話の向こうでわざわざ秘書を呼び、紹介先の電話番号を調べさせているのがわかった。「紹介ならいくらでもしますよ。うちの工場はここでは中小企業に過ぎないんですよ。もっと大きな工場を探したほうがいいんじゃないですか？」

「この団地は中小企業が多いじゃないですか。でも、御社は、日本ではだれでも知っているくらい有名ですよね。だから、きっと立派な日本式マネジメントをしてらっしゃると思い、調査させていただきたいと思ったのです」。半分はお世辞であり、半分は嫌みのつもりだった。

しかし、谷口社長には通じなかったようである。「そうなんです。うちの会社の本体は大きいですよ。全体の一パーセントの規模にもこの工場がならないくらい、本体は大きいのです。本体を比べれば、北部工業団地で一番大きいです」。

僕はあきらめて電話を切った。この後も続けて二社に電話をかけたが、同じような理由で面会の約束すらできなかった。行き詰まった、と感じていた。やり方を変える必要があるかもしれないと思ったが、調査計画を変更するにはまだ踏ん切りがつかなかった。とりあえず気分転換に少し休暇をとることにした。しかしその前に電話である。日本にいる母に、夏物のスーツを送るように頼んだ。

一週間後、チェンマイ日本人会会長の嶋田さんにお会いした。嶋田さんはチェンマイ・エレクトロニクスという日系企業の社長である。工場がチェンマイ市内にあるため、ランプーンでの調査しか念頭になかった僕は、当初、嶋田さんと会うつもりはなかった。しかしこの頃には、行き詰まりを打開するために、会ってくれる人にできるだけ会って話を聞こうと考えるようになっていた。日系企業についての情報や、調査についての助言などをいただくとともに、話の成り行きによっては、嶋田さんの会社に調査協力を依頼することも考えていた。タイに来てから大きな進展もなくすでに一ヵ月半が経っている。北部工業団地が無理なら、チェンマイの日系企業で調査してもいいと思うようになっていた。

嶋田さんはタイに赴任して六年というだけあって、とても上手にタイ語を話した。そして周囲のタイ人従業員から信頼され、好かれているようにみえた。「日本からマネージャーが来てもね、知識を広くもったゼネラリストか、専門に秀でたスペシャリストでないと、タイ人に通用しませんよ。彼らに一目置かれる存在でないと仕事は進みません。うちは一三年前に設立されたんですが、設立以来ずっと勤務しているタイ人フォアマンには、特に、新人なんかではつとまりません」。(注4)

「業務は主にタイ語でやります。ただし、ほとんど数字を追っているだけなので、長いコミュニケーションが必要とされるわけではありませんから。会議もタイ語でやります。日本から来た書類は、ものによって英語かタイ語に翻訳します」。

こちらが話を切り出す前に、やんわりと断られているような気がした。「毎日、外部の人間が工場に来るのはやはり抵抗があります。どちらかというと、週末だけ来て、アンケートをとるといったような、パートタイムのほうが受け入れやすいのではないでしょうか。ただし、個人経営でやっているところは比較的可能性があると思います」。そういって、僕に協力してくれそうな会社を三社紹介してくださった。これまでに一度も検討したことのない会社ばかりだった。

嶋田さんとの面談は、作戦変更のきっかけになった。それまで僕は、大手企業の現地工場ばかりに接触してきた。僕の考えていた調査では、少なくとも数人の日本人駐在員がいることが条件だったけれど、特に大手企業でなければならないということはなかった。名前を知る大企業のほうがなんとなく親しみがある。経営にも余裕があるだろうから、僕のような人間を置いておく度量もあるだろう。また、大企業の現地社長は進取の気性に富み、学術研究にも理解があるんじゃないか。ただ漠然と、こうしたイメージを抱いていたのだ。

しかし実際に交渉してみると、大手で調査させてもらうことは逆に難しいことがわかってきた。大企業ほど保守的であり、多くの判断を本社の指示に委ねている。駐在員不足にそれほど悩まされておらず、余計な人間を入れて内部をかきまわされたくないと考える。嶋田さんが紹介してくださった三社は、いずれも親会社が中小企業だった。駐在員不足で困っているようだから、僕を戦力として必要としてくれるかもしれない、と嶋田さんはいった。三社のうち、大きなほうから挑戦し

写真３　タイ恩田プラスチックの真っ白い建物。平屋、一部二階建てである。手前の広いスペースは駐車場として使用されていた

てみることにした。最初は恩田プラスチックである。

採用理由

その日は朝から天気雨だった。こんな日にバイクで出かければ確実に服は汚れる。気は進まないが、着ていかないわけにはいかない。白のワイシャツに紺と赤のレジメンタル・タイ、紺のリクルートスーツという格好になった。これより五年前、大学四年の時に、会社の面接へ着ていったスーツ、シャツ、タイである。

事前に電話で訪問の趣旨を説明し、よい感触を得ていた。しかし前例があるので気は抜けない。この三社にすべて断られたら、調査地か調査方法か、いずれかを変更せざるをえないだろう、と僕は感じていた。背水の陣である。

タイ恩田プラスチックの神田社長は僕の長い必死の説明を終いまで聞くと、「いいですよ」と言いった。たいしたことではない、という言い方だった。「ただし、本社の許可を得る必要があるので、正式な許可は一週間待ってください。それまでに待遇とかについて考えておきます」と付け加えた。

なんでこんなに簡単なのだ。この会社にはなにかとてつもない問題があるのだろうか。激しい労働運動が起きていて、その対応を僕にやらせようというのだろうか。それとも、一応引き受けたようなポーズを取り、あとで本社に断られたと言い訳するつもりなのか。しかし、わざわざそんな面倒な断り方をするとも考えられない。あまりに話がすんなりと運び、こうしていぶかったくらいだが、実際に僕は恩田プラスチックで、この約二ヵ月後から六ヵ月間、働くことができたのである。

なぜ神田社長はこうして簡単に僕の願いを聞き入れたのか。

第一に、僕が日本人であることは、確実にプラスに作用しただろう。同じ日本人であるというだけで、海外では信頼を得るひとつの要素になる。たとえそれが幻想に近いものであるとしても、タイ人や西洋人と比べれば、「文化を共有」しているから、互いを理解しやすいと信じられている。

日本人コミュニティの顔役から紹介されてきたという説明は、神田社長の心を多少はくすぐったようだった。面談の冒頭で、「どうしてうちなのか？」と聞かれたとき、「日本人会会長の嶋田さんに、神田社長はたいへんバイタリティのある方なので、わたしの調査に理解を示して引き受けてくださるかもしれないといわれました」と答えた。まんざらでもなさそうだったので、「その前にお会いした領事館の方も、神田社長は若くて話のわかる方なので、協力してもらえる可能性があるとおっしゃっていました」と続けた。こうした紹介があったことは、ある程度、話を円滑に進めるのに役だったはずである。しかし採用に決定的な役割を果たしたとは思えない。

神田社長は三年間大企業に勤めた僕の経験を高く評価したようだった。僕はその会社でいわゆる営業をしていたのだが、それでは工場への売り込みに弱いと考え、ＱＣサークル（品質管理運動）に参加した経験があることを少し大げさに売り込んだ。嘘ではなかったが、それほど積極的に活動していたわけではない。どちらかというと、同僚の手前、しかたなく嫌々やっていたというほうが正しいだろう。だが、この少し大げさな売り込みが功を奏したようである。後で身をもって知ることになるのだが、この工場の日本人マネージャーたちは、品質管理をめぐる諸問題と毎日悪戦苦闘していた。

また、恩田プラスチックは僕に通訳としての役割を期待したようだった。神田社長は話のなかで「コミュニケーションの問題にふれた。「マネジメントで一番の問題点はことばだろうね。他の大企業と違い、本社にそれほど余裕がないので、タイに来た四人も、はじめはまったくタイ語がわからなかった。語学研修なんて受けてないんだよ。現実には、なんとなくタイ語と、ほんの少しの日本語、そして部品の名前は英語、これでなんとかやってる。わたしも技術系の出身なので、英語もあまり得意じゃないんです。つい数日前に日本語が話せる（タイ人の）女の子が辞めてしまい、今後、どうしようかと考えていたところです」。僕にとって絶好のタイミングだったわけだ。

さらにもうひとつのタイミングもあった。神田社長がいった。「現在、隣の敷地に新しいアセンブリー（組立作業）のための施設を建設中です。一一月くらいには完成すると思う。（中略）新しい工場ができたら、アセンブリーがふたつに分かれるので、その片方の面倒をみてもらうことになるかもしれない」。

いまの時点でいえるのは、神田社長は調査目的や意義に賛同して人類学的調査に協力を約束したというよりも、恩田プラスチックのマネージャーとして戦力になると考えたから、英語とタイ語ができる日本人の元サラリーマンを採用したということだ。面接のときにそれほど意識していたわけではないが、僕のほうでもそれまでとは微妙に戦略を変化させていたようである。田中無線、タイNME、山田オプト、チェンマイ・エレクトロニクスでは、「わたしの研究はこういうものであり、これはたいへん意義のあるものだから、ぜひ協力して欲しい」といった感じのお願いのしかただった。恩田プラスチックでは、「わたしはこんなに御社のお役に立ちますよ」と売り込んだのだ。

工場で参与観察する理由

工場で参与観察すると、なにがみえてくるだろうか？　インタビューやアンケート、短期の観察ではわからないものとはなにか？　それは、一言でいえば、労働者の「語られない知識」である。語られない知識とは、生活のなかで知らず知らずのうちに身体にしみついた習慣的なことや、状況の変化に応じて偶然に、臨機応変に、あるいは即興的に生み出したやり方などのことだ。これらは、工場での労働者の経験を理解するのにこのうえなく重要であるにもかかわらず、たずねても彼らが語らない、あるいは語ることができないタイプの知識である。

ここでいう知識には、教養や技術、情報といった狭い意味での知識だけでなく、価値観や行動パターンなども含まれる。たとえばそれは、時間についての考え方、対人関係のあり方、コミュニケーションのしかたなどに染みこんでいるだろう。こうした知識は、労働者にごく当たり前のことと考えられており、そのような知識をもつことさえ当人が気づいていないことが多い。彼らにそのことについてたずねても、話す必要がないものとして無視するか、あるいはそもそも意識していないのだから、話すことさえ思いつかない。当たり前でないこと、興味を引く新奇なことに、人は話す価値があると考える。空気のようなものをとりたてて話題にすることは難しいのである。(注5)

それでは語られない知識をどうしたら引き出すことができるのか？　そのための有効な方法のひとつが参与観察だと僕は考えている。長期にわたり工場労働者と生活をともにし、親密な関係を保つ。さまざまな出来事をいっしょに経験し、お互いの考えや感想をぶつけあって確認する。そうして確認したことをまた次の機会に再確認する。そして、経験の共有を手がかりに、僕の考えていることと彼らの考えていることとを比較し、話し合いを通じてギャップを埋め、少しずつ相互に理解を深めていく。こうして、僕の経験を基礎として、彼らの「語られない知識」に近づいていく。参与観察は、工場労働者が生活世界をどのようなものとして経験するのかを探求するもっとも有効な

方法であり、だからこそ僕はこの方法にこだわったのである。(注6)
幸運にも、僕はなんとか調査の出発点に立つことができた。試練はこれからである。あいまいな立場で、あやふやな権威をもつ存在として、タイ人労働者だけでなく、同僚の日本人からも僕に猜疑の目が向けられていた。僕が工場で役立つ人間であることを早急に示さないと、解雇される危険さえあった。

(注1) 本書に登場する名称およびその属性の一部については匿名性を確保するために修正が加えられている。
(注2) たとえば、ローリー・グラハム『ジャパナイゼーションを告発する——アメリカの日系自動車工場の労働実態』など。
(注3) 人類学で調査前に立てる問いは、あくまで暫定的なものであり、民族誌執筆まで変わらずに持ち続けるという種類のものではない。たんなる出発点である。調査の結果、はじめに想定した問いにたいする答えがみつからなかったとしても、それ自体にまったく不都合はない。調査を進めていくうちにどんどん成長していくものである。調査で思いがけないデータに出会って、問いや仮定を修正していくこと自体が、研究過程の本質的な契機となる。むしろより興味深い問いを求めてフィールドワークをおこなっているといってもよいくらいだ。
(注4) フォアマンとは、現場主任のことであり、日本人マネージャーからの指示を受けて、現場でタイ人労働者のマネジメントにあたる中間管理職である。
(注5) いいかえると、工場労働者からの聞き取りだけに基づいて工場の民族誌が構成されてはならないということだ。人びとがいっていることとやっていることとはしばしば異なっている。通常、労働者は自分の生活世界についてたずねられ、それをことばによって表現することに慣れていない。彼らが自分の気持ちをことばで表現したとき、それをそのまま

彼らの心の状態とするのではなく、その発言を行為の一部としてとらえ、語られない知識があることを前提として、その語られない知識を独自に補いながら解釈しなければならないということだ。インタビューは参与観察より手軽だけれど、それだけで人びとの生活世界を描くことはできないのである。

（注6）このようなフィールドワークから生み出される民族誌は、調査者と調査対象者との共同作業の成果であり、調査対象者とのかかわりのなかで調査者が理解し記述したものである。とすれば、「調査対象者」はたんなる調査の対象ではなく、人類学者と対話する「共同研究者」であるといえよう。

第二章　調査に出るまで

会社の人類学

大学を卒業すると僕は大手日用品メーカーに就職した。マーケティングに力を入れていることで有名な会社であり、僕はブランドのマーケティングを統括するブランドマネージャーという仕事に憧れてこの会社を選んだ。だが、よくある話で、入社して配属されたのは営業部門だった。

そんな僕が人類学を目指すようになるには、いくつかの偶然があった。ひとつは入社してから二年間僕の上司だった人の影響である。配属されてすぐ、僕はこの上司から二冊の本を読んで感想文を書くように命じられた。一冊はマーケティングの古典的な教科書で、もう一冊はK・ローレンツの『攻撃』という本だった。後者は人間を含めた動物の闘争本能を扱った本である。とてもおもしろく、夢中になって読んだが、なぜ上司がこの本を新入社員の僕に読ませたのかはよくわからなかった。感想文を書いて提出すると、中身についてはなにもいわれなかった。ただ、どんなに忙しくても専門書を読む時間だけはこれからもつくるようにと助言された。

また、この上司のもとで、広告代理店、薬局チェーンとの共同研究会に参加する機会を与えられた。店舗開発コンサルタントの講義を聞き、参考文献を読んでから、渋谷や代官山、青山などで流行している店舗を実際にみてまわり、なぜ流行っているのかを考え、新しいコンセプトの店舗を開発するというクリエイティブな仕事だった。この仕事を通じて、広い意味でのフィールドワークの楽しさを学んだといえる。参考文献のなかには人類学に関連するものが数多くあり、研究会が終了してからも僕はそれらをひとりで読み続けた。

当時夢中になって読んだ本のなかに、「日本人論」といわれるものがあった。日本人について論じた一連の著作群のことだ。その中心的なテーマのひとつは、日本経済はなぜ驚異的な躍進を遂げることができたのか（いまとなっては懐かしいとしかいえない）。数々のベストセラーが生み出され、その代表的なものに、『メイド・イン・ジャパン』（一九八七年）、『NOと言える日本』（一九八九年）、『なぜ日本は「成功」したか？』（一九八四年）などがあった。経営学の分野でも同様の論調の本が多数著されたが、それらは日本の成功の原因を日本人独特の国民性や日本文化にあるとし、その特徴を集団主義として性格づけた。また、終身雇用、年功序列賃金、企業別組合といった日本型雇用慣行や、愛社精神、従業員の士気、協調性といった日本文化の特徴を日本企業の強みであると主張した。

最初はこれらの本を読んで僕も熱狂した。だが、いくつか読むうちに、だんだんと違和感を覚えるようになった。会社側の立場を反映した思想体系であり、これらを意識に植え付けることを通じて従業員の行動を管理する手段になっているという疑念を抱いた。結局、「イデオロギー」ではないかと考えるようになったのである。

そのうちに僕は日本人論を批判的に検証するという考えに取り憑かれた。なぜ僕たちは必死に働くのか。なぜ僕たちは同僚と助け合っているのか。なぜ僕たちはこんなにも会社を愛しているのか。こうしたことの背景にはどのような社会的力が働いているのか。これらの問いに答えをみつけることが僕にとっての重要な課題になった。そしてこれらの問いを学問的に研究することが、僕の生きる道だとすら考えるようになった。同時に僕の読書リストは、人類学関連の専門書に傾いていった。M・ダグラス『汚穢と禁忌』、レヴィ＝ストロース『野生の思考』、E・リーチ『文化とコミュニケーション』などを読んだ。ただし、なんとか読み通すのが精一杯で、内容をちゃんと理解していたとはいえない。僕は片道一時間半の通勤電車のなかで読書の時間を確保していたが、読みはじめるとすぐに眠りこけるのがつねだった。

人類学の専門書を読むことは当時の僕にとってとても大切なことだった。いまになって思えばということだが、会社というゲームのなかにプレイヤーとして参加しながら、会社で働くことがなにを意味するのかについて人類学的に考えることは、僕にとって会社がすべてではないと主張することだったのではないかと思う。現実の理不尽な職務を遂行しながら、それらと距離を置き、人類学の分析の対象にすることは、僕にとって自由を手に入れることを意味していた。その分析のおかげで、耐えられないと思ったことにも耐えることができた。だが、人類学についての興味が膨れていくにつれて、思ったように本を読む時間がもてないことはストレスになっていった。

結局、会社は二年九ヵ月勤めて辞めた。入社して一年が過ぎた頃から、もっと真剣に学問がしたいと思うようになり、その気持ちが僕の中で少しずつ大きくなっていった。でも、それから一年くらいは自分の気持ちを確認するための準備期間として待った。そして、これ以上先延ばしをしたら、もうおそらく会社を辞めることはないだろうというときに、志に揺るぎがないようだったので、決断した。しないで後悔するよりは、して後悔するほうがよいと思った。

調査準備

僕は英国に渡り、語学学校を経て、大学院の人類学修士課程に入学した。将来は日本企業でフィールドワークすることをこのときすでに決めていたが、いまにして思えば、リサーチ・クエスチョン（調査において答えるべき問い）は、修士課程で課題のエッセイをこなしていくなかで、少しずつ具体的なかたちになっていった。なかでももっとも影響を受けた本に、M・ヴェーバー『プロテスタンティズムの倫理と資本主義の精神』と、P・ブルデュー『実践理論の素描』がある。修士論文として書いた「日本企業への実践理論的アプローチ――忠誠心、協調性、労働意欲」では、自らの経験に基づき、ヴェーバーとブルデューの議論を参考にしながら、日本企業の集団主義のシンボルとされる協調性や忠誠心が日本社会のイデオロギー像であるに過ぎず、現実には従業員は規則や道徳によって導かれるというよりは、自らの地位を向上させる日常的な諸戦略によって方向づけられていると論じた。

博士課程に入ると、本格的な調査準備に取りかかった。入学してすぐに自己紹介をしたとき、同級生のほとんどが調査対象社会と自分の個人的経歴とのあいだに密接な関係があることを知って僕は驚いた。外交官の子どもとして幼少期を過ごした社会、自分の祖父母の故郷である社会、かつてボランティアや教師として数年過ごしたことがある社会、途上国出身者の場合には自国の社会、などが調査対象になっていた。その意味では、僕の場合も、自分がかつて属した日本企業という社会を研究対象にしていた。

調査地としてタイを選んだのには、あまり積極的な理由はなかった。何人かの教師たちは僕に日本での調査を勧めたが、それだけはどうしても嫌だった。人類学を目指す以上、外国で調査するのが鉄則だと当時は堅く信じていた。日本企業が多く進出しているところと考えて、東南アジアのどこかと思った。なんとなくフィールドワークするなら熱帯がいいという変な思い込みもあった。最初はベトナムを考えた。しかし調べていくうちに、ドイモイといわれる開放政策がはじまってはいたものの、まだ調査許可が下りそうにないことがわかってきた。

迷っていた頃に、たまたま帰国し、国立民族学博物館の田辺繁治先生（現、名誉教授）とはじめてお会いする機会を得た。調査地の選定で悩んでいることを打ち明けると、「君にちょうどいいところがある」とおっしゃり、タイのランプーン県にある北部工業団地を紹介してくださった。僕は当時、タイはもちろん東南アジアに行ったことがなかったので、うまくイメージが湧かなかったのだが、田辺先生の話を聞いているうちに、なんだかタイがこの世の楽園のように思えてきた。そのうちいつの間にか二人のあいだで僕の調査地はもうランプーンに決まっていた。そしてタイに関するたくさんの参考文献を紹介していただいた。やりとりのなかで、「君はタイのことを何も知らないんだなぁ」と田辺先生に呆れられたのをよく覚えている。そのときまで僕もタイに行くとは思っていなかったのだからしかたがない。

こうして調査地が決まると、調査計画書の執筆に取りかかった。調査計画書でもっとも大切なのは、リサーチ・クエスチョンを明確にすることだ。僕はとりあえずふたつの問いを立てた。タイの日系企業で、日本人マネージャーとタイ人労働者のあいだにどのような文化的衝突があるか。そして、工場での経験が労働者の農村での生活にどのような影響を与えているか。この二つの最初の問いは、調査を進めるなかで少しずつ変わっていった。タイの日系工場で働く女性たちの生き方が、僕に何が大切なテーマであるかを選び取るように促していった。最終的には、労働よりも消費に焦点を当てるなど、調査計画書とはずいぶん異なる博士論文を書くことになった(注1)。

現地調査は一八ヵ月という計画を立てた。一般的に人類学ではこれが理想で、これより短すぎても長すぎてもよくないといわれる。調査では年間を通じておこなわれる行事のすべてを観察することが望ましい。だが、現地に行って、すぐ翌日から本格的な調査に入れるわけではない。必要な公的許可を取得する、調査地を選定する、住居をみつけてそこに落ち着く、主情報提供者をみつける、といったことのために数週間、ときには数ヵ月が必要になる。それと並行して、現地の言語を習得することも大切だ。こうしたことを考慮に入れると、全体で一八ヵ月が必要だというのである。それより長すぎてもよくないのは、最初は新鮮に映った現地の文化と自分の文化との差異がだんだん

写真４　僕のフィールドに来てくれた指導教官と霊媒の儀礼をみにいった。中央が霊媒師で、左が指導教官のモーリス・ブロック先生

写真５　北タイのラワ族の村を訪れたときに供犠柱の前で撮ったもの。中央がこの村の村長で、右が田辺繁治先生、左がモーリス・ブロック先生。田辺先生はこの村で国立民族学博物館の展示に使用するラワ族の供犠柱を収集した

とみえなくなってきて、現地社会で出会う多くのことを当たり前だと感じるようになってしまうからだという。いってみれば、現地の人になってしまっては困るということだろう。

僕が調査地を決めたのは調査に行くわずか五ヵ月前だったから、言語の準備は十分にはできなかった。他大学のタイ語初級コースに潜り込んだが、三ヵ月遅れでの途中参加であり、しかも授業は週二回だけだったので、二ヵ月半通っても、文法の基礎がおぼろげに理解できたという程度にしかならなかった。そこで思い切って、タイへ行ってからしばらくは、調査の準備を進めながら語学学校へ通うことにした。じっさい、チェンマイで三ヵ月間、語学学校に通った。同時に、タイ語の声調を身につけるために、日本語を学ぶタイ人と語学交換した。あとはもう村に入ってから、生活するなかで少しずつことばを覚えた。それでも一年くらいは、ことばがうまく通じないことにずっとストレスを感じていたように思う。

フィールドワークの授業

博士課程の一年目に、肝心のフィールドでなにをすればよいかについては、ほとんど教育を受けた覚えがない。教師や先輩たちからは、そのことについては気にするな、自分でやってみればなんとかなる、と聞かされていた。

フィールドワーク論と銘打った授業は一応あった。毎週、テーマを決めて、関連するテキストを読み、討論するのだが、テーマの多くは自分の調査とは関係がないように思われた。それには自分に想像力が足りず、抽象的な議論を聞いても実感が湧かないということもおそらくあっただろう。授業のなかで、唯一、僕にとって有益と思えたのが、担当教員が時折雑談のように話してくれる自らの体験談だった。あるいは、調査を終えて帰国したばかりの先輩が、ゲストとして語ってくれた調査で出遭う困難や障害の話だった。フィールドワークにたいする心構えをつくったり、モチベーションを高めたりするのに有効だったと思う。じっさい、僕はタイでのフィールドワーク中に、先輩から聞いた話を思い出して勇気づけられたことが何度かあった。

授業ではないが、毎週開かれる学科主催のセミナー（いわゆるデパートメント・セミナー）も先輩人類学者の体験談が聞ける貴重な機会だった。有名人の発表では、床にさえ座る場所をみつけられないほど人がいっぱいになるが、若手の発表だとほとんど人が集まらない。僕にとって、一流の人類学者の発表はもちろん刺激的だったけれど、調査準備という点では、若手研究者の発表の方がためになった。余談として、調査における失敗談などがよく聞けたからである。彼らの話を聞いて、自分の調査について想像を広げることができた。

フィールドワークの授業の後半は、学生が順番に調査計画書について発表し、コメントしあうというものだった。ここで僕はとても大切なことを学んだ。それは自分と自分の調査との関係を客観的にみることの大切さと難しさである。(注2) このことを僕に自覚するように強く促したのは、僕の発表にたいする同級生からの厳しい、しかしとても貴重な批判だった。

僕のこのときの発表の骨子は次のようなものだった。発展途上国の工場労働者に関するこれまでの研究の多くはフェミニスト的研究であり、若い女性たちが低賃金と劣悪な労働環境のもとで、いかに先進国企業によって無情な搾取に遭っているかを強調してきた。これらの研究は「搾取」という概念を客観的な関係を表すものとして扱うが、労働者の意識の問題として考えれば、工場労働を楽しんでいる側面もあるのではないか。

これにたいして僕が受けた（フェミニストの）同級生からの批判は、僕がそう考えるのは僕が日本人の男で、日本企業に勤めた経験があるからであり、そう考えたいと思っているからではないか、というものだ。さらにその後、同級生どうしの激しい討論があったあとで、別の同級生が次のようなコメントをくれた。この種のコメントが僕にたいしてなされるのは当然であり、少なくとも僕はこれに反論できるような用意をしておく必要がある。僕はこれをもっともだと思った。

タイの日系工場におけるフィールドワークにおいて、自分が観察している実践を理解するためと、そうした実践について分析をおこなうために、僕は自分の会社での経験を活用する。日本人マネージャーの行動だけでなく、タイ人労働者の組立ラインにおける労働経験や、日本人マネージャーや事務員にたいする態度を理解するのにも、僕が勤めていた企業で見聞きしたことすべてを動員することになる。このとき僕には、会社時代の経験に基づく無意識の前提を持ち込むことによって、自分の認識や分析がいかに歪められたものになっているかを自覚する努力を怠らないことが求められる。さもないと僕は、自分の頭のなかにあること、すなわち自分の社会的世界で当たり前だと思うことを、無意識のうちに現地の人びとに投影してしまうかもしれない。(注3)

このことは、僕が自分の過去の経験を研究のなかで用いてはならないということを意味しない。むしろ逆で、僕の働いた経験は分析のための貴重な資源となるはずだ。ただし資源として利用するには、それらを科学的に検討し制御することが条件になる。これは簡単なことではない。なぜなら、僕が意識せずに当然とみなす信念や価値などを客観化することは、僕にとってできれば認めたくないようなことをも含んでいるだろうからである。自分の考えが普遍的なものではなく、いかに特殊な経験によって歪められたものであるかを認めることはそれほど容易なことではない。

(注1) リサーチ・クエスチョンが固まってくると同時に、僕はそれに関連するこれまでの民族誌的成果や理論について研究した。「先入観をもたずにフィールドへ行き、みるもの聞くものすべてを書き取ってこい」という助言を時折聞くことがあるけれど、僕はそれは違うと思う。だいいち、調査地でみるもの聞くものすべてを記録しようとしたら、情報量が多すぎて一歩も動けなくなってしまうだろう。そして調査地から戻ってきて、いざなにか書こうとしたときに、脈略のない雑多な大量の情報を前に途方にくれることだろう。理論的な準備をすることは先入観をもつこととは違う。集めたデータと理論は繰り返し行き来しながら前に進んでいく。いわば理論は集めるべきデータについてインスピレーションを得るために利用できるのだ。僕はフィールドワークをはじめてしばらくしてから女性工場労働者の生活にとっての「家」の重要性に気づいた。これは事前に予想していなかったことだった。そのことを指導教官に手紙で知らせると、彼がそのとき書いていた「家」に関する論集の草稿を送ってくれた。これをフィールドで読んだことが、集めるべきデータのヒントとして僕にはとても役だった。フィールドワークがうまくいかない原因のひとつは、事前の理論的準備の不十分さにあると僕は考えている。

(注2) フランスの民族学者・社会学者、ブルデューはこれを「参与客観化」(participant objectivation) と呼んだ。ブルデューは、社会における権力の差異によっていかに選択の機会が不平等に配分されているかを論じている。彼によれば、

一見、生まれつきの属性としてみなされやすい人びとの趣味や好き嫌いのようなものも、生まれ育った社会的環境のなかで同じような実践を繰り返すことによって身につけるようになっている。自分が自由に行動を選択していると思っている個人も、じつは気づかぬうちに社会構造によって特定の行動を方向づけられているのであり、このことは研究者と研究とのあいだにも当てはまるとブルデューはいう。

（注3）日本人マネージャーの言動を距離をとって眺めることに役だったという意味において、博士論文を英語で書いたことは僕にとってよかったと思う。あまり議論されることはないが、同じ民族誌データを用いて論文を書くとしても、使用する言語が異なれば読者が異なることになるから、書き方は自然と変わってくるし、変えねばならないのではないか。

第三章　工場デビュー

写真６　恩田プラスチックの敷地内にある地霊のほこら。工場が操業をはじめたばかりの頃に労働者のあいだで幽霊騒ぎがあり、それを鎮めるために建立されたという

あいまいな日本人のわたし

工場労働者になった。背中に大きく「ＴＯＰ」と描かれた水色の作業服を着て、週六日、朝八時から夕方五時まで、一所懸命に働いた。

調査をはじめたときに一番心配したことは、僕の存在が労働者の目にどう映るかということだった。彼らの多くは周辺の農村からバイクや乗り合いバスで通ってくる若い女性である。ほとんどは小学校か中学校しか出ていない。たぶん「人類学」ということばを知らないだろうし、「調査」といわれてもピンとこないはずだ。

その男はマネージャーと同じ日本人である。しかしその行動はかなり変わっている。工場内をせわしく歩き回り、あれこれと我々タイ人に質問する。それも仕事についてだけじゃない。上司や賃金への不満から、恋愛や家庭の問題まで、熱心にたずねてくる。汗を垂らしながらなにかをノートに書き込んでいる。日本人のスパイかもしれないが、それにしては親切のような気もする。タイ語を話し、日本人マネージャーが話さない、いや話せないことまで教えてくれる。敵なのか味方なのか？　僕が彼女たちの目に奇異な存在と映るのは当然であった。

僕はなるべく日本人マネージャーと距離を置くように努めた。そしてタイ人の前では日本語を話さないようにした。彼らと同類にみられれば、調査がやりにくくなる。日本人に知られたくないことは、僕にも話さなくなるだろう（注1）。

相棒

入社して二週間は研修だった。各部署で二、三日ずつ、労働者に混じって黙々と作業をする。当時、恩田プラスチックでは、ボールペンやカッター、ライターなどのプラスチック製文具をつくっていた。製造過程はどれも似たり寄ったりで、簡単にいえばだいたい次のようになる。射出成形機と呼ばれるコンピュータ制御の精密機械を使い、プラスチックの樹脂を加熱して金型に押し込み、型に充填して製品本体や部品を成形する。それを他の材料とともに組立ラインに流し、おおぜいの女性作業員が一工程ずつ組み立てていく。

研修をはじめてすぐに相棒ができた。同じ日に入社し、いっしょに研修することになったゴップである。北タイの名門大学出身で、管理部営業管理課に採用された幹部候補だ。仏文出身なのでおそらくフランス語のほうが得意だろうが、英語もきわめて流暢だった。いつも髪をきれいに七三に分けており、垂れてくる前髪を丁寧にかき上げるのが癖だった。少しキザなところはあるが、高慢というわけではなく、人なつっこい、いい奴だった。僕らはすぐに意気投合し、休み時間をいっしょに過ごすようになった。(注2)

タイでは、仲のよい男性どうしが手をつないだり、腰を抱いて歩いたりするのはそれほど珍しいことではない。ゴップが話しかけてくるとき、立っていれば僕の肩に、座っていれば僕の膝に、よく手をかけてきた。はじめはビクッと反応したが、慣れるとそれほど気にならなくなった。むしろ彼と親しくなっていることが周囲に示せるような気がして、うれしくもあった。ただし、僕のほうから彼の肩や腰に手をかけたことは一度もない。

昼休み中も、僕は日本人マネージャーたちから離れ、ゴップや他の事務員たちと食堂でタイ風のラーメンや焼きそばを食べた。働きはじめたばかりの頃、僕はどこでだれといっしょに昼ご飯を食べるかとよく労働者から聞かれた。宗教のことや家族のこと、いつ日本へ帰るかといったことよりも、なぜ先にこんなことを聞くのかとても不思議だった。後で知ったことだが、恩田プラスチックでは、労働者はいつも同じメンバーと同じテーブルで昼食をとる。そして昼食をいっしょにとることが特別な関係にあることを意味する。それゆえ労働者はだれがだれと昼食をとるかに強い関心をもっていた。他の日本人と離れてゴップと昼食をとる僕をみた同僚たちは、僕がゴップと「特別

写真７　昼休みに食堂のテーブルに集まる組立作業員のグループ。テーブルの上には彼女たちの大好きなパパイヤサラダが置かれている

な」関係にあると思うようだった。

　ゴップとの蜜月はそれほど長くは続かなかった。これにはふたつの理由がある。ひとつは、ゴップとの親密な関係が僕の調査に支障をきたしたことだ。これまで僕がタイ人労働者と総称してきた人たちは、おおまかにいって、事務員と作業員とに分けられる。二階のオフィスにいるのが事務員、一階の作業場にいるのが作業員であり、ビジネススーツを着るのが事務員、作業服を着るのが作業員である(注3)。そして同じタイ人労働者といっても、事務員と作業員とは仲が悪かった。敵対していたといってもいい。それで、僕が作業員と親しくなるにつれて、両者のあいだで板挟みになる場面が増え、結果的に、ゴップや他の事務員たちと疎遠にならざるをえなくなった。

　もうひとつは、きわめて個人的な理由であ

る。あるときゴップが、休日に僕のアパートを訪ねてよいかと聞いた。その日はちょうど結婚式に誘われていたので、「また今度」と断った。このことを知り合いになった作業員に話した。タイ人であるゴップとここまで親しくなっていることを僕は自慢したかったのだと思う。すると思いがけず、「キョウさんはゲイか？」と彼女が真顔で聞いた。

聞き間違いだと思ったので、「僕がゲー（歳をとっている）か、と聞いているの？」と聞き返した。

「違う。男が好きかと聞いているのよ」。

「へっ……。好きじゃないよ、女性が好きだよ。だけど、なんでそんなことを聞くの？」

「違うなら、それはよしたほうがいいよ」。

「よすって、……。えっ、それは、ゴップがゲイだということ？」

「と、聞いてるよ」。

以前にも、何人かの見知らぬ作業員から、「キョウさんはゲイか？」と聞かれたことが何度かあった。いくらタイにゲイが多いといっても、はじめて会う人にいちいちこんなことを聞くのは妙だし、僕がそのタイプにみえるといわれているようでよい気持ちはしなかった。たびたび聞かれる理由がこのときやっとわかった。ゴップが本当にゲイなのかどうかは知らない。しかし僕は自分がゲイだと作業員から思われたくない。そしてもちろん、ゴップ本人からも誤解されたくない。翌週にもう一度受けたゴップの申し出を丁重に断り、その後も「特別な」関係を疑われないように、彼とは距離を置くようになった。

仕事がない

研修が終わると、管理部庶務課に配属された。管理部長のダムは、「なにをしてもいいですよ。研究のためにしたいことをしてください」といった。僕の正式な肩書きは英語で「リサーチャー（調査者）」という変なものだった。ときおり通訳や英文書類の添削を頼まれるが、他にこれといって仕事はなく、一日中ひまである。しばらくは庶務課の隅に与えられた机にじっと座っていた。だが、座っているだけでは調査にならない。そこで僕は、庶務課のキャビネットから人事資料を取り出し、片っ端から読みはじめた。最初のうちはなるべく近くに人がいないときを見計らって社員名簿や出勤簿を読んでいた。そのうち少しずつ大胆になり、隣に課長がいても堂々とキャビネットを開け、給与体系表、勤務評定表、はては休暇願や始末書までを引っ張りだし、自分の机の上に広げてフィールドノートに写した。

ひととおり主な書類を写し終えてしまうと、またやることがなくなった。机にぼんやりと座っていることが多くなる。たまに作業場に下りてみるが、どこの部署でも忙しそうに働いている。とてもインタビューできる雰囲気ではない。邪魔にならないように遠くから眺めるだけだ。話しかけるきっかけがみつからないうちに立っているのがつらくなり、すごすごと自分の席に戻る。この繰り返しだった。なにをしてもよいというのは、なにもする権利がないということではないか。このままでは半年いても、なにもできずに終わってしまう。

製造部長の柴崎さんには以前から相談していたが、生返事をするばかりで埒があかなかった。そこで今度は生産管理部長の前山さんに頼んでみた。彼は僕より年下なので、少し強めに、「ちゃんとした仕事が欲しい」と要求した。すると、その日の夕方、神田社長が僕のところへやってきて、柴崎の仕事を手伝うようにと命じた。射出成型課で二時間ごとに機械の稼働状況を記録するのが僕の仕事になった。

この記録は作業員もやっている。つまり僕の仕事は、彼らの記録に誤りや抜けがないかを確認することだった。これではスパイである。柴崎がいう。「これはプラモート（製造部次長）とかには秘密ね。もし聞かれたらさ、適当に、調査しているとかなんとかいっといてよ。もう一回チェックしてるって聞いたらさ、気ぃ悪くするからさ」。そうはいっても、二時間ごとに作業員に続いて巡回し、機械を調べてノートに書き込んでいれば、僕がなにをしているかは容易に想像がつく。しかも、僕が提出するノートを柴崎はろくに読みもせず、作業員の目につくところへ放っておくのである。

いくら頼んでもまともな仕事がもらえない。愚痴をこぼしても、手伝いを申し出ても、日本人マネージャーたちの反応は鈍い。おまえにやれるまともな仕事はない、と彼らの愛想笑いがいっているように思えた。もしかしたら、柴崎や前山は、神田社長が独断で仕事のできない学生を雇ったことに批判的で、まともに取り合うつもりがはじめからなかったのかもしれない、と僕は思うようになった。初出勤した日の朝、神田社長はわざわざ僕に次のようにいった。「タイの労働法では、試用期間の三ヵ月間は、会社側が一方的に従業員を解雇できるんです」。仕事に使えないことがはっきりしたら、その時点で辞めてもらうといおうとしたのかもしれない。

はじめの一歩

フィールドノートを読み返しながら、ここまでの自分の行動を反省してみた。タイ人労働者からスパイと思われないように注意するあまり、日本人マネージャーが僕に期待することを軽視していなかったか。タイ人と話すことばかり考え、自分から仕事を覚えたり、会社に貢献しようとする意欲が足りなかったのではないか。仕事とは、だれかにもらうものではなく、自分でみつけるものかもしれない。僕が人類学者だから、専門的な知識がないから仕事がもらえないのではなく、同僚のやっていることをよく観察し、倣い、できることを自分で探そうとしないから仕事がないのではないか。習うのではなく、倣うことを考えよう。

ある意味では、日本人マネージャーたちも自分で仕事を探している。一応、各自担当をもっているが、それは厳密なものではない。気がついた人が、できるときに、できることをしている。そうして助け合っている。結果として、仕事のできる人、意欲のある人に仕事が集まり、できない人には仕事がない。これはどんな職場にも当てはまることだろう。僕は、とりあえずオフィスから出て、作業場にある、金型保管庫という部屋に通いはじめた。ここが日本人のたまり場になっていたからだ。

金型保管庫にはいつも山田さんがいた。山田さんは四〇代半ばの射出成型の技術者で、特に用事がないかぎり、金型保管庫の椅子に座っていた。彼の担当する射出成型課と違い、ここには騒音や悪臭がなく、しかもエアコンがよく効くからだった。柴崎や前山も手が空いたときにはここへやっ

写真8　射出成型を補助する作業員。成型された部品は自動的に下に落ちるような構造になっているが、なにかの拍子に落ちないときがある。作業員が横に控えていてそれを取り除く

て来て、タバコを吸いながらしばらく雑談していった。ここにいれば、日本人マネージャーの仕事ぶりがよくみえる。なにが問題となっていて、どんな悩みがあるのかを聞ける。そのなかに僕のできることがあるかもしれない。

一歩踏み出すには、具体的になにかに挑戦するのがよいだろう。そう思って、山田さんから射出成形機の取扱説明書を借り、ひとりで読みはじめた。「射出成型」とはプラスチックの鯛焼きのようなものだ。高温で溶かしたプラスチックをノズルから射出し、溝が掘ってある金型に流し込んで圧縮する。するとプラモデルのように、一本の骨組みに複数部品がくっついた形状で部品が成型される。こういってしまうと簡単なようだが、規格どおりに部品を安定して

成型するには、機械の構造や特性についての深い知識が必要とされる。部品の形状にあわせて機械各部の温度や速度を設定し、運転開始後も微調整を続けていく。初期設定が正しくても、機械の癖などによって余分な突起が部品に出てきてしまったり、サイズが小さくなったりすることがある。自動制御の精密機械といっても、経験に基づく勘が頼りなのだ。

説明書を熟読したが、悔しいことにまったく頭に入らなかった。専門用語が理解できないのだ。わからないことを説明する用語がまたわからない。コンピュータ制御された巨大機械の内部でなにが起きているのか、イメージが湧かない。数ヵ月程度で理解できるようになるとは思えず、あきらめるしかなかった。読んでもわからない説明書を書いた奴に僕は腹を立てた。

QCで活躍

射出成型をあきらめてすぐに、新たな挑戦を開始した。機械を操作するのは無理だとしても、製品の品質を統計分析して問題解決や効率アップにつなげることなら僕にもできるかもしれない。こうした活動を一般に品質管理、通称QC（Quality Control）という。日本型QCでは、問題の要因分析、図表の活用、現場での自主性が特に強調される。僕は統計学の基礎知識もあるし、以前勤めた会社でQCサークルの経験もある。これなら会社に貢献できるという予感がした。

恩田プラスチックの品質管理課では、たんにつくった製品を検査しているだけだった。成型した部品の寸法を測り、規格にあうかどうかを判定し、問題のあるものを不良品として外す。これだけ

写真9　射出成型された部品を検査する品質管理課の作業員。寸法を測り、規格にあうかどうかを検査する。この部屋は恩田プラスチックでもっとも冷房がよく効いていた

で終わっていて、データを整理して作業改善に結びつけるところまではできていなかった。本来、ＱＣとは、製品の品質管理ではなく仕事の品質管理を意味する。たまたまこの頃、出張で本社から来ていた品質管理に詳しい鈴木さんが帰国することになり、チャンス到来とばかり、僕は恩田プラスチックにあったＱＣ関連の本を借りて猛勉強をはじめた。

二週間後、射出成型課と品質管理課、梱包課で独自に集めたデータをもとに、「射出成型課生産管理現状報告」という立派なタイトルの、Ａ４で九枚の報告書を作成し、神田社長に提出した。射出成型過程において不良品が発生する原因を分類整理し、グラフや表でわかりやすく説明したものだった。なにも特別なことや新しいことをした

わけではない。ぼんやりとわかっていることについて改めてデータを集め、要領よく図表に整理しただけである。報告書の最後に、改善へ向けての提案をつけた。浮かび上がった問題点を、タイの社会関係や教育制度、労働市場の特徴などと結びつけて解説し、考えられる現実的な対処方法を挙げた。タイ文化の専門家として僕がいかに有用であるかを神田社長に印象づけたかったのだ。

報告書を手渡したとき、神田社長は相当に感動している様子だった。読み終えるとすぐにコピーをとり、日本人マネージャー全員に配布し、横浜本社にファックスまでした。社長に喜んでもらえたのは、報告書の内容以上に、僕が自主的にそれを作成したことによると思う。役に立ちそうもなく、ただ工場内をぶらぶらしていた僕が、現場で問題をみつけ、整理し、改善策とともに報告する。僕がしたことは、いわば僕自身のQCだったのだ。喜んでもらえたはずである。

ちょうど同じ頃、僕は前山さんの推薦で、朝のマネージャー会議に出席できることになった。これは各課の責任者だけが招集される、いわば恩田プラスチックの幹部会議である。僕はそれまでこの会議への出席を許されていなかった。

続いて僕は、一週間の「QC勉強会」なるものを開いた。これは品質管理部のふたりのタイ人課長に統計的なQC手法を教える会である。ただ講義するのではなく、身の回りで起こっている問題を、QC手法を使って彼らといっしょに考えるようにした。実施後しばらくして、ふたりは「P型ペン不良品出荷再発防止について」という報告書をつくり、神田社長をはじめ、日本人マネージャー、さらには本社の品質管理部をも驚かせた。その後、僕はこの勉強会を恩田プラスチックの全課長に対象を拡げてもう一度実施した。

こうした仕事ぶりが少しずつ評価され、僕は実質的な品質管理のマネージャーとして頼りにされるようになっていった。この立場は僕の調査にたいへん都合のよいものだった（注4）。品質管理課の仕事とは、たんに部品や完成品を検査するだけでなく、全生産工程に目を配り、トラブルの解消や生産効率の改善に努めることである。どこかの部署でなにか問題が起きると、飛んでいって事情を聞き、対応策を考える。僕には、ひとつの部署でひとつの義務に束縛されることなく、工場内を自由に歩き回り、興味のある出来事を好きなだけ観察することが許された。

報告書によるアピールが効いたのか、とりわけタイ人の行動や好みに関する解説者として、工場で事件が起こるたびに、僕は日本人マネージャーたちから助言を求められるようになった。じじつ、僕が六ヵ月の調査を終えて恩田プラスチックを去るときには、神田社長、そして柴崎や前山から、正社員になることを強く求められたくらいである。

調査者の位置

人類学者がフィールドで人びとを観察しているあいだ、彼らも人類学者を観察している。両者のあいだにかかわりが生まれると、人類学者はその社会のなかである位置を占めるようになる。このとき人類学者は、その社会内部で競合する複数の集団から等しく距離を取り、それでいていずれの集団からも必要な情報だけはとるというわけにはいかない。社会で位置を占めるということは、権力関係に巻き込まれるということだ。深く巻き込まれるからこそ、みえてくるものがある。ところが、人類学者は時にこの点を批判される。成果がきわめて個人的、主観的、あるいは非科学的、独善的だというのだ。こうした批判にどのように応えたらよいのか。

開き直りが肝心だと思う。自分のした調査がどのように個人的であったかについて、できるかぎり明らかにするのである。現地社会で占める調査者の位置は、調査のゆくえやデータの内容、分析結果にまで影響を及ぼす。だからフィールドで調査者がどういう位置を占め、いかなる状況でどんな種類のデータを集めたかをできるかぎり開示することによって、議論の背景とその有効性を読者に判断してもらうようにするのだ。たんに人類学者個人の自己防衛のためだけでなく、他の民族誌のケースと比較し人類学的な議論を進めていくためにも、これは必要なことだと思う。(注5)

(注1) 伝統的な人類学的調査では、人類学者がひとりで異文化社会に入り込み、現地の人びとといっしょに過ごした経験を記録していく。旅行者や商社マンに偶然会うことはあっても、その社会に人類学者と同じ文化に属する人がいて、日常的にかかわりをもつという事態はあまりないだろう。僕の調査には、調査対象であるタイ人の近くに、調査者と同じ日本人がつねにおり、しかも彼らからあまりよく思われていないという特殊な状況があった。

(注2) ゴップというのはあだ名である。タイでは家族や友人とのあいだだけでなく、学校や職場の公式な場でもあだ名を用いることが多い。工場では日本人マネージャーだけがタイ人労働者を本名で呼んでいた。

(注3) 僕の入社当時、恩田プラスチックには、事務員が一〇名、作業員が一八〇名いた。

(注4) 僕が自分を人類学者であると感じたのは、フィールドノートを埋めているときだけだったといってよい。ノート

から離れているとき、僕はふつうの工場労働者ではなかったかと思う。ただし、なにもデータが取れずにフィールドノートが埋められない日が続くと、底知れぬ不安に襲われることがあった。

（注5）フィールドには正しいひとつの真実があるわけではない。いっしょに同じ出来事を経験しても、参加のしかたや立場の違いにより、参加者のあいだで複数の説明や解釈が生まれ、それらが競合することになる。こうした状況がふつうなのだ。

第四章　ベルトコンベアは止まらない

組立作業

ようやく仕事が評価され、解雇の心配もなくなってからは、組立課へ頻繁に出入りするようになった。かねてから主な調査対象に考えていた部署だ。(注1)組立作業室は、縦二七メートル、横一三メートルの間仕切りのない部屋である。壁も床も天井も真っ白で、窓に白いブラインドが下りている。整理整頓が行き届き、塵ひとつ落ちていない。匂いはなく、音も静かで、冷房がとてもよく効いていた。

写真10　組立課のベルトコンベアを上手から眺めたところ。およそ一五〇センチ幅で、中央の五〇センチほどがベルトコンベアになっている

　およそ一五〇センチ幅で、中央の五〇センチほどがベルトコンベアになった、細長い組立ラインが五台並んでいた。その上を製品の本体ケースが次々と流れていく。両側にほぼ等間隔で座る女性たちが、目の前に来たそれを取り上げ、担当の部品をはめ込み、組立

ラインに戻す。指先より部品のほうが小さいから、挿入先はよくみえない。余分な動きをすると、はめたばかりの部品が外れてしまう。それでも彼女たちは、数センチしかない小さなケースの、数ミリしかない小さな穴へ、つかむことさえむずかしい極小の部品を、素早く器用に差し込んでいた。

組立作業室をぶらぶらしていて、空いている席をみつけると、僕はよく黙って腰を下ろした。するとたいていまわりにいる女の子たちが僕をみてクスッと笑う。組立ラインに着いているのは若い女性ばかりである。人事資料によれば、最低年齢は一五歳、最高は三〇歳で、平均は二一・六歳だ。二〇歳そこそこの女性が異国から来た若い男性に興味がないわけがない。上目遣いで僕の顔をチラッとみて、隣どうしで目配せし、それからまた下を向く。下を向いたまま、少し恥ずかしそうな、それでいてなんだか嬉しそうな顔をする。ヒソヒソ話をはじめることもある。

こちらもみられているばかりではない。相手がみていないときに、しっかりと様子をうかがった。近くでよくみると、彼女たちはなかなかおシャレであることがわかる。半袖シャツにズボン、ジャンパーという作業服姿だが、シャツのファスナーを胸元ギリギリまで下ろし、金のネックレスをのぞかせる。規則で決められているから、長い黒髪は後ろで束ねているが、ピンクや黄色のカラフルな輪ゴムで留め、その上にかわいらしい髪飾りを乗せている。朝のうちはその髪がしっとりと濡れ、シャンプーのいい香りを漂わせる。ほとんどの人がファンデーションと口紅を塗っており、なかにはアイシャドーやアイラインまでつけている人もいた。

組立作業は班単位でおこなわれる。一五人から二〇人でひとつの班を構成し、通常は二班でひと

写真11　工場内にあるバイク置き場。工業団地ではほとんどの労働者がバイクで通勤している。ヘルメットをかぶることが工場の規則で決められており、違反がみつかると通勤手当をもらえなくなる

写真12　組立作業を練習する新人。入社後三ヵ月間は試用期間であり、会社から制服が支給されない。代わりに、白いTシャツ、華美でない単色のズボンを着ることが規則で定められている

つの組立ラインを担当する。各班にひとりずつ班長がいて、作業の進み具合を管理する。

どの工程にも特別な知識や技術は必要ない。徹底した分業体制がとられており、各人に割り振られるのは、ひとつ、ないしふたつの部品を本体ケースに取り付けるといった単純な作業だ。手順はもちろんのこと、ケースをどちらの手でつかみ、部品をどちらの手ではめ込むかまでが細かく規定されている。これは本社の技術者がストップウォッチで計って何度もテストを繰り返し、もっとも効率よく作業が進むように定めたものだという。作業員は自分の好みで勝手にやり方を変えることを許されていない。いわれたとおりにやることが、もっとも生産的に振る舞うことになる。

とはいえ、実際には多少の慣れが必要だった。僕もやってみたが、とても彼女たちと同じようにはいかなかった。半日続けるとなんとかさまになったが、それでも彼女たちのテンポとは比べようもない。一人前になるにはおそらく一ヵ月以上は経験が必要だろう。

三つの禁止事項

組立作業室ではじめて本格的に作業に参加した日、メオが隣にやって来て座り、話しかけてきた。メオは組立課ではなく品質管理課の作業員なので、比較的自由な行動が許されている。まったく物怖じしない態度といい、遠慮のない物言いといい、他の作業員とはずいぶん違っていることに驚いた。聞いてみると、バンコクの日本人家庭でメイドとして働いた経験があるという。そのときに日本へ連れて行ってもらったこともあるそうだ。

メオは、タイ語に片言の日本語を交えながら、組立作業室に三つの禁止事項があるのを知っているかと僕に聞いた。知らない、と答えると、飲食、トイレ、おしゃべりの三つがそうだと教えてくれた。

組立作業室で飲食や喫煙が禁止されているのは、大切な商品を汚されると困るからだとメオはいった。もっともだと思った。しかし、作業員が飴をなめているところを僕はみかけたことがある。それで「飴は食べてもいいの？」と聞いた。

「本当はダメなの」といって彼女はポケットから飴を出し、僕にくれた。そして「眠いときに（飴を）なめるといいよ」といいそえた。

タイの農村は朝が早い。若い女性ともなれば一番に起きて暗いうちから働く。朝食も早いから、一二時前にお腹が空く。工場は冷房が効いているので、余計に食欲がわいてくる。それでみんな一〇時の休み時間には、おやつを食べたりジュースを飲んだりしてお腹を少しでも膨らまそうとする。僕も空腹を紛らわせるために、毎日一〇時にコーラを飲んでいた。それでも一一時を過ぎるとお腹が鳴る。グーグー鳴る。そこで、飴をなめる。ガムだとあごが動いてみつかりやすいが、飴なら舌で転せばわからない。いざとなれば、飲み込んで証拠隠滅もできる。

メオによれば、トイレが禁止されているのは、ベルトコンベアを使った流れ作業で、だれかが一時的にでも抜けると、その工程が滞るだけでなく、ライン全体がストップしてしまうからだという。そんなことをいっても、我慢できないときはどうするんだと僕が聞くと、そのために組立課にだけトイレ休憩の時間があるのだとメオは説明する。そういわれれば、朝一〇時から一〇分、午後三時から二〇分、組立課にだけ休憩時間があるのを僕は思い出した。

禁止されてはいても、もちろん作業中にトイレに行く人はいる。そのことについて聞くと、メオはあきれたという顔をして、「我慢できないときは、行くしかない」といった。メオによれば、班長に届け出て、ノートに名前を書き込むと、トイレに行くことを許されるらしい。ただし、あまりに回数が多くなると、事務室に呼び出されて庶務係から注意を受けるという。それでも作業時間中にトイレに立つ者を僕は数多くみた。なかなか帰ってこず、トイレで休んでいるとしか思えない者もいた。

おしゃべりが禁止されているのはなぜかというと、作業が遅くなるからだとメオはいった。話しながらだと本当に作業のペースが遅くなるかどうかはわからない、といって彼女はニヤリとした。作業員一人ひとりは細分化された一工程を受けもつ。ひとつの工程と次の工程とは直接ではなくベルトコンベアを通じて連携する。ここでは人間が意思の疎通を図る必要はない。個人個人がノルマ（標準作業量）を達成すれば、全体として最大の生産効率が発揮されるしくみである。その意味では、作業中の会話は、能率を下げることはあっても上げることはないだろう。

しかし実際には、みな仕事中におしゃべりしている。いつもどこかからささやき声が聞こえてくる。メオだってこうして僕に話しかけているのだ。午前中は割合少ないが、午後になるとだんだん増えてくる。「おしゃべりには、眠気覚ましと退屈しのぎというすぐれた効果があるのよ」とメオはまじめな顔でいった。班長もこれがわかっているからか、よほどの大声になったり、手を休めておしゃべりに没頭したりしないかぎり、黙認していた。なかには自身がおしゃべり好きで有名な班長もいた。ただし、日本人マネージャーが二階から下りてくると、作業室全体がしーんと静まりかえる。みんな一斉に会話を中断し、黙って仕事に打ち込むふりをした。

僕も一応は恩田プラスチックの人間である。マネージャーとして認められつつもある。作業員にたいするもろもろの規則や規律には、当然従わなければならない。しかし、おしゃべりの禁止だけはとてもつらかった。話すことができないと、調査ができないからだ。

作業員は組立ラインの両側に向き合うようにして二列に並ぶ。ほぼ等間隔で座るため、両隣とは一メートルくらいの距離がある。僕は隣に座る作業員に話しかけ、仕事や上司にたいする個人的な意見を聞いてみたい。だが、隣に聞こえる声を出せば、周囲の三、四人にもかならず聞こえる。彼らはいっせいに顔を上げて僕をみるに違いない。それだと、僕が規則を破り、作業員の仕事を邪魔しているような感じになる。いましている仕事のことなら聞ける。だけど、作業をしながらインタビューするのは無理だった。

慣れないインタビュー

組立課に通ってはいるが、作業員と会話できない日々が続いた。それでも先ほどのメオに加え、ノーイとグン、オーイの四人とは話ができるようになった。彼女たちはみな品質管理課の作業員であり、いつもたいてい組立ラインの一番下手で組み立てが終わった製品の品質検査をしている。それぞれひとり離れて作業しているから、僕が隣に座って話していても、同僚の目をそれほど気にする必要がなかった。

まずは簡単な自己紹介からはじめる。自分は日本人マネージャーたちとは違うのだということを強調する。「わたしはタイ文化について学ぶためにここに来ているのです。帰ったら、タイ文化についての本を書くつもりです」。

そうしておいて、当たり障りのない世間話に移る。相手の反応をみながら、僕が本当に聞きたいことを聞いていく。「ここで働くのは好きですか?」

「楽しいです」とノーイは答えた。僕は答えを聞いて、一字一句暗記し、なるべく彼女がこちらをみてないときに、机の下や柱の陰でノートに書き付ける。ノートはたいてい、タイ語をカタカナかローマ字で音写して書いた。不慣れなタイ文字で書くと遅くなるからだ。それと、これならタイ人労働者にも日本人マネージャーにも理解できず、万一みつかったときにごまかすことができて都合がよかった。ノートは後でオフィスで、あるいは家に帰って、きれいにフィールドノートに写した。

続けてたずねる。「働いたお金をなにに使うの?」

「学校で勉強するために貯金しています」とノーイは答えた。

「日本人をどう思いますか?」

「日本人は頭がよい。だから国が発展した」。

僕はこれらの答えをノートに書き付けて一応の満足をした。ところが、である。この後、メオに聞いても、グンに来ても、オーイに聞いても、答えはほとんど同じだった。どうやらお決まりの答えしか帰ってこないようだ。

タイ人は見知らぬ人にも気軽に話しかける。乗り物で隣どうしになったときや、なにかをいっしょに待っているときなど、おしゃべりをはじめる。しかしそうした見知らぬ人どうしの会話の内容は、表面的なものにとどまる。そのことはお互いが認識していて、必要以上に突っ込んで個人的なことをたずねることは滅多にないし、たずねればそれはルール違反と感じられる。答える方ははぐらかすか、その場をとりつくろうために嘘をつく。調子を合わせながらその場をしのごうとする。聞くほうにもそれはわかるから、明らかに嘘だとわかっても、それで腹を立てたりはしない。

僕の問いにたいする四人の答えはこれと同じようなものだった。彼女たちは僕が期待する模範解答を答え、調子を合わせ、僕に好かれようと思って、答えている。僕はとてつもない疲労感を覚えた。こうした当たり障りのない答えではなく、心の内を引き出すにはどうしたらいいのだろうか?

余裕のノルマ

各工程には、その難易度により、一時間あたりの作業量がノルマとして課せられる。たとえばペン先を取り付ける作業は比較的簡単なので、一時間に七〇〇個がノルマである。一分間に一一個、約五・五秒に一個をつける計算だ。ひとつ作業が終わると、作業員は手元の計数器をカチャリと押し、作業量を数えていく。班長がこれを一時間ごとに実績表へ記録し、ノルマの達成を確認する。ノルマを達成できないことが続いた作業員は、月に一度の勤務評定で低い評価を受け、最終的には毎年四月の給与改定のときに昇給を抑えられる。

これが評価のシステムだ。では、こうして押しつけられたノルマに作業員たちがあえぎ、苦しめられているかというと、どうもそうではなさそうだった。精神的な緊張やストレスがあるようにはとても思えなかった。疲労困憊している様子もまったくなかった。むしろ余裕が感じられた。夕方近くになると、眠そうに目をこすったり、あくびをしたりする者もいた。でも、疲れているというよりは、飽き飽きしているという感じだった。

あるとき、僕はボールペンのペン先を取り付ける作業員を観察していた。ボールペンの本体ケースが一定の間隔をおいて流れてくる。ふたりはその間隔にあわせて作業をする。つまり、ベルトコンベアの速さが彼女たちの作業テンポを決めている。僕からみると、ふたりは十分に素早く作業しているのだが、それでもベルトコンベアの速さについていけないようだった。組み立て終わっていないケースが次の工程に流れてしまうと、ベルトコンベアを止めるしかなくなる。ふたりはそうならないように、危うく流れていきそうなケースをすくい上げ、必死になってペン先をつけているようにみえた。

とうとうペン先のまだついていない本体ケースが下手に流れていきかけた。すると、ひとりがそ

写真13　プラモデルのように一本の骨組みにくっついたかたちで成型された部品をニッパを使って切る。上手に切らないと組み立てる際にうまく部品がはまらないこともある

れをすくい上げ、手元の動かないスペースに一時的に置いた。また流れていきそうになり、すくって置いた。また流れていきそうになり、またすくって、また置いた。そうして手元の本体ケースは山となっていき、みるみるうちに、これはいけないというくらいに大きくなった。すると班長がやって来て、ベルトコンベアの電源を止め、ふたりの作業を手伝いだした。他の作業員たちは手を休め、黙って、山がなくなっていくのをみていた。

再開後、しばらくは順調に進んだ。しかし根本的な問題を解決していないので、また山ができてきた。今度は前よりも大きな山になった。すると、班長はいったんベルトコンベアを止めて山を片付けた後、別の工程から作業員をひとり連れてきて、そこに座らせた。ペン先の取り付け工程を三人に増やしたのである。これはどういうことだろうか?

作業員はあくまで自分のテンポで作業をする。ベルトコンベアのほうがそれより速いと、手元のスペースが調整のための仮置き場に使われる。それでも追いつけないときは、いったんベルトコンベアを止める。そして班長が手伝う。場合によっては、人数を増やす。

ノルマにあわせてベルトコンベアの速度が決められていると僕は思っていたのだが、そうではないようだ。作業員がベルトコンベアのテンポに合わせるのではなく、作業員のテンポに合わせて組立ラインの構成が変えられている。つまり、ベルトコンベアはただ部品を運んでいるだけだ。

写真14　班員の実績を集計する組立課の班長。一日の終わりに各班員の一時間ごとの実績を集計して課長に提出する。時間内に集計が終わらず、持ち帰って家で計算してくることも少なくない

実績表の疑問

組立課にラーという班長がいた。僕は彼女に頼んで実績表を見せてもらった。縦軸に班員の名前、横軸に時間が並び、各班員の一時間ごとの実績が記録されている。書き込まれている数字をよく読むと、いかがわしい数字がところどころにあった。数字が概数であることはわかる。しかし、どういう計算で出した概数なのかが推測できない。ある人には三〇〇とか四〇〇とか、一〇〇単位の数字が並んでいるかと思うと、別の人には一二〇とか二五〇という数字があった。さすがに一の位はなかったが、一〇〇単位なのか、五〇ずつなのか、一〇ずつなのか、数字の丸め方に統一性がなかった。

さらに僕を怪しませたのは、同じ工程を

担当した者に同じ実績が並ぶ傾向が強くあることだった。数字の丸め方まで含めてそっくり同じなのだ。どうもこれはおかしい。そう思ってさらに詳しく読んでみた。すると、シャフトを組み込む工程を担当した四人の実績が、全員、二時台に四〇〇、三時台に四〇〇、四時台にも四〇〇とある。これはあきらかにおかしい。二時台は正味一時間だが、三時台には二〇分のトイレ休憩があり、実働時間は四〇分である。さらに四時台の場合、四時半から毎日掃除とミーティングがあるので、実働は三〇分のはずだ。いくらおおざっぱに数字を丸めたにしても、こんなことはありえない。とんでもない不正をみつけたつもりで、僕は身体が熱くなっているのを感じた。なぜこんな事態が起きているのか？

ラーに聞くと、疑問はあっさり解けた。僕ははじめ、班長が一時間ごとに計数器をみて実績表に記入していくのだと思っていた。しかし、そうではない。班長は班員に実績を聞いて回り、聞いた数字をそのまま表に書き込む。数字を計数器と照合するようなことはしない。実績の丸め方にバラツキがあるのは自己申告しているからだった。同じ工程の人が同じ実績になるのは、ラーによれば、みんなが隣の人の報告を聞いて、数字をあわせようとするからだそうだ。

ずっと後のことだが、ある班員が工場を辞めようとしていたとき、ラーが彼女についてこういった。「彼女は口数が少ない人だけど、仕事はちゃんとする人だった。時間ごとに組立個数をいうとき、彼女は本当のことをちゃんと答えていた。でもね、作業員のなかには本当は一〇〇しかつくっていないのに一二〇つくったと答える人がたくさんいるの。八〇と報告しても五〇しかつくっていないこともある。だから彼女みたいに本当のことをいつも答えていると不利なのよ。おしゃべりして、怠けている人にかぎって嘘をつくことが多いの」。

班長は部下たちの報告が信頼できないことを知っていた。だが、それを確認する意思はもっていなかった。そんなバカなと思う。こうしてみんなが嘘をつけば、数字が合わなくなり、生産計画が狂ってしまうじゃないか。じっさい、出荷段階で数えた生産個数は、実績表の集計よりもつねに少なかった。それでも、僕が工場にいた六ヵ月のあいだに、これが大きな問題になったことは一度もない。それは、組立課の課長が、実績と集計との差を不良品数として処理しているからだった。組み立てはしたけれど不良品だったから、分解して部品に戻した、ということにするのだ。結果として、この工場の不良品率は、書類上、実際よりもずっと高いものになっていた。

僕はこのときにみつけたことを日本人マネージャーに報告しなかった。少し後ろめたかったけれど、情報をくれた人たちに迷惑をかけるわけにはいかなかった。現在の日本人マネージャーとタイ人労働者の関係を、自分の存在ができるだけ変えることのないようにしたいというのが僕の基本的な姿勢だった。

ところで、日本人マネージャーたちはこうしたことを知っていたのだろうか？　おそらく神田社長は知らなかっただろう。彼が知っていたら、放っておくことはなかっただろうからだ。組立課担当の柴崎部長はどうか？　うすうす気づいていたんじゃないかと思う。それでも、本格的に調べて責任を追及する気はなかったのだ。

僕はこれが恩田プラスチックの組立課だけにみられる特殊な状況だとは思わない。北部工業団地のどこの工場にもありうることだし、程度の差こそあれ、実際に似たような状況にあったはずだ。というのもこの状況は、嘘をつく個人によってというよりは、工場内のコミュニケーションや職場の人間関係によって引き起こされていたからだ。

（注1）組立工業や繊維工業は、生産に投入される生産要素のうち、工場や設備に比べて労働要素の比率が高い。このことから、労働集約的産業と呼ばれる。労働集約的産業では、人件費を安く抑えつつ、生産効率を上げることによって利益を生み出している。タイに進出している日系工場の多くはこうした労働集約的産業である。

第五章　情報提供者

ラーとの出会い

組立課に通いはじめて一週間くらい経った頃である。課長のベンが僕の下宿先をみつけたといってやって来た。さっそく次の休み時間に部屋を貸してくれるという女性に会うことになった。

その女性は組立作業室の片隅で作業をしながら我々を待っていた。ベンが名を呼ぶと、彼女は顔を上げ、少しモジモジしながら「はい」と小さく返事をした。彼女が、その後一年以上にわたり、僕の情報提供者（キー・インフォーマント）になるラーである。色の浅黒いぽっちゃりとした女性だ。美しいというのではないがとても愛嬌のある顔で、つぶらな瞳と、西郷隆盛のような凛々しい眉毛が印象的である。半袖のシャツからニョキッと出た二の腕は、おそらく農作業で鍛えたと思われ、確実に僕より太そうだ。

恥ずかしがっているのだろうか、休み時間にもかかわらず、ラーはうつむいて組立作業を続けたまま僕の質問に答えた。恩田プラスチックに勤めはじめて二年、まだ二三歳だが組立課の班長である。二六歳の大工をしている夫とのあいだに三歳の娘がいる。彼女が住むマイ村は、工場からバイクで三〇分ほどのところにある。最近家を新築したばかりだ。寝室がふたつあり、ひとつは娘が大きくなったときのために作ったものだが、いまは空いているから貸してもよい、といった。少しかすれた小さな声でポツリポツリと話した。僕は彼女の丁寧な言葉遣いによい印象をもった。

実をいうと、ちょっぴりがっかりしてもいた。ラーが既婚者だったことにである。工場労働者の大半は未婚の若い女性だと聞いていた。それで僕はてっきり、両親とその未婚の娘が住む家庭に下宿することになると夢想していたのだ。

しかしすぐに思い直した。既婚者と住むほうがよいかもしれない。僕は独身だ。特にハンサムというわけではないが、日本人男性というだけで、タイに来てから不相応に女性にもてる。おそらく金持ちだと思われてのことだろう。魅力的な女性に何度か誘惑されたこともある。僕より年下だが、この頼りになりそうな肝っ玉母さんといっしょにいれば、僕は守ってもらえるだろう。そう思った。

最後に僕は一番肝心なことをラーに聞いた。部屋代のことである。

「昨日、主人と話したのだけれど、キョウさんは研究のために来ているということもあって、部屋代はもらわないことにした」。

「どうして? それはダメだ。そんなことはできない」。タダより怖いものはないと僕はこのとき思っていた。ラーはあからさまに怒った顔をして黙り込んでいる。

隣に座っていたメオが口を挟んだ。「タイ人はこころが優しいの。もてなすのが好きなのよ」。

「それはわかる。でも、タダというのはダメだ。僕はお金をもっているんだから。それじゃあ、僕がご主人と話すよ」。

「話すって、彼に部屋代を考えさせるってこと?」とメオがラーに代わって聞いた。

僕が肯くと、ラーはいっそう不満そうな顔をして僕をみた。このときはじめて僕とラーとは目が合った。

写真15　マイ村の標識が出たので左に曲がると、その先に小さい山がみえた。車がやっと一台通れるくらいの狭い道は、わずかに左にカーブを描きながら、水田を貫いて麓のマイ村まで続いていた

伝統的な村のモダンな家

週末にバイクでラーの家をみせてもらいに行った。

ランプーン市街を抜け、片道一車線だが路肩の広い県道を南に一〇キロほど走ると、民家がまばらになった。ラーが描いてくれた地図をみながら、目印のATM（現金自動預け入れ払い機）という変な名前のラブホテルの前を右折する。脇道に入り、小さな市場を抜けたところで、未舗装の道になった。轍をよけながらの運転は、ハンドルをとられて速度が出せない。人家が途切れたと思うと、辺り一面が水田になった。進むにつれてだんだんと山並みが迫ってくる。さらに五キロほど行くとマイ村の標識が出たので、そこを左に曲がった。正面にそれほど高くない山があり、その麓に集落がみえる。車がやっと一台通れるくらいの狭い道は、わずかに左にカーブを描きながら水田を貫いて集落まで続いている。水田では黄金色の穂波が風に揺れていた。はじめて来た村だが、どこか懐かしいと感じる。この村こそ「僕の村」に違いないと直感した。

道に沿って電柱がほぼ等間隔で並び、それが村の鉄塔にまで続いていた。せっかくの牧歌的な田園風景を台無しにしているが、それをみて僕はうれしかった。このあいだラーと話したときに、家に電気があるかと聞くのを忘れていた。電線があるということは、電気が来ているということだ。

伝統的な北タイの家はチーク材を用いた高床式のものである。村のほとんどの家はそうだった。ところがラーの家は違った。白いセメントの壁と赤いスレートの屋根でできた平屋の家である。窓も木製ではなく、ガラスがはめてあった。そして玄関の扉の上に、北タイの伝統工芸品のひとつである、牧歌的な農村風景を描いた大きな扇が飾ってあった。もちろん、ラーの家だけが特別にこうなのではなく、工業団地周辺にはこうしたモダンな家がところどころにあり、そのほとんどは工場労働者が建てたものである。

ドアを開けると目の前が応接間になっていた。一二畳くらいはあるだろうか。まだ新しいテレビ、ステレオ、木製の長椅子などが置かれている。飾り棚には、結婚式の写真、王室の写真、それに恩田プラスチックからラーに贈られた感謝状が並べてある。正直にいって、タイの農村の家に、こんなに家具が揃っているとは想像もしていなかった。日本の一般家庭と比べても、それほど見劣りはしていない。

写真16　北タイの伝統的なタイプの家。高床式で、床下に柵がしてあるが、このなかで牛が飼われていた。牛が動くと、家全体が揺れる。それで夜中に目覚めることもしばしばだった。たまに、牛が用を足し、においで目覚めることもあった

写真17　工場労働者が建てたモダンな家。手前に写っているのは当時僕が所有していた小型のバイク。七〇キロを越えるとハンドルがガタガタと揺れ出しとても危険だった

靴を脱ぎ部屋に上がると、足下がつるつると滑った。床がワックスでピカピカに磨かれている。僕だけが靴下を履いていることにこのとき気づいた。ラーが奥の部屋へ案内した。使われている様子のないその部屋には、まだビニールのかかった新品のダブルベッドがぽつんと置いてある。僕のために特別に用意したものらしい。

うれしいことに、トイレは室内にあった。北タイの家では、トイレ兼浴室が独立して庭に建てられていることが多い。ほとんど地面に穴を掘っただけのトイレだから、なるべくその臭いを避けるためにに屋外につくるのだが、これだと夜中にトイレに起きたときにはおっくうであり、危険でもある。懐中電灯を手に、蛇やサソリに注意しながら用を足しに行かなくてはならない。

ほとんどお昼に近い時間だったので、家の中はとても暑かった。それで、庭にある木陰のベンチに座って話をすることになった。はじめは僕とラーの家族三人だけだった。話しているうちに、どこからともなく人が集まってきて、まわりに座った。そして当然のような顔をして話を聞いている。何人かは我々の会話に口を挟んできた。僕の質問にたいし、ラーより先に答えてしまうのである。これにには驚いたが、なぜかラーは黙っていた。

北タイの慣習では、結婚すると夫婦は妻の実家に同居する。そして妹の結婚が決まるまでに、多くは同じ敷地内に、自分たちの家を建てて移り住む。こうして順々に姉が妹へと両親の家を渡していき、最後に残った末娘が両親の老後の世話をする。結果として、両親の家の敷地に姉妹たちが家を並べることになる。敷地にそって柵をめぐらし、その内側では家族がはだしのまま自由に行き来

写真18　マイ村の近くでみられるのどかな田園風景。この村には伝統的な生活様式がまだ色濃く残っていた

する。ラーの家の北隣はオバの家、西は両親の家、さらにその南は姉の家だった。ラーには他にキョウダイが四人いるが、彼らもみなマイ村に住んでいる。集まってきたのはこの人たちだ。僕の存在に興味をそそられ、なにかおもしろそうなことが起こりそうな予感とともに見物にやってきたのである。

僕は帰る前にもう一度家賃の話を持ち出してみた。すると、ラーの夫であるノイが、僕を責めるようにいった。「お金と友情とどっちに価値があるんだ。どっちが大切なんだ。よく考えてくれ」。

集まっていた親戚たちを前に、ラーが興奮気味にいった。「日本人にはお金が大切なのでしょう。お金なんか重要じゃないわ。わたしが貧乏で、キョウさんはお金をいっぱいもっているからっていうけれど、お金と友情

写真19　マイ村の水田で休む水牛。当時はまだ田をすき起こすのに水牛が使われており、マイ村にはたくさんの水牛が飼われていた

とどちらが大切なの！」たぶん親戚たちのいる前でお金の話をしたのが失敗だったのだろう。この場はもう、僕が引き下がるしかなかった。

フィールドでつらかった経験のひとつとして、もっとも親しくなった人と後から金銭でもめてしまったことを挙げる人類学者は多い。だから僕は、家賃は家賃としてきちんとはじめに決めておきたかった。相手が満足する部屋代を払っていれば、後々、変な期待を持たれることはないだろうと考えていた。

へとへとの生活

ラーの家に下宿することに決めた。マイ村ののどかな田園風景が気に入ったし、ラーの家での生活が快適に思えたこともある。また、工業団地の農村社会への影響をみるという僕の調査目的にマイ村は適っていた。

ランプーン市内に近い村々では、稲作はほとんどおこなわれておらず、人びとの生活スタイルはかなり都市型のものになっている。逆に、四〇キロ以上も工業団地から離れた村だと、工場労働者が少数で、村社会への影響がほとんどみられない。その点、マイ村には伝統的な生活様式がまだ残っている。世帯の約八割が水田を所有しており、完全な自給自足とまではいかないけれど、田を耕し、川や沼で魚やカエル、エビを捕り、裏山で野菜やキノコを採れば、かなりの程度生活が成り立つ。それでいて、四〇数名の若者が工業団地へ働きに出ており、しかもそのうちの七名は恩田プラスチックに勤めている。伝統と近代がほどほどに入り交じったこの村でなら、工場労働が村社会に与える影響をよくみることができるのではないかと思った。

しかし下宿先を決めた最大の理由はラーその人にあった。とにかく勤勉な人である。恩田プラスチックは一年間にもっともよく働いた従業員一名に毎年感謝状を贈っているが、この前年に贈られたのがラーだった。そして彼女は班長に昇進した。また、夫婦だけの力で建てたという立派な家は彼女の勤勉さを物語っていた。儀礼に参加すると、彼女はいつも準備や後片付けで先頭に立って働いていた。「タイの女はたくさんのことをしなくちゃならない。田舎ではなんでもしなくちゃならない。ご飯をつくり、子を育て、働きに出て、掃除をし、掃いて、拭く。それから洗濯にアイロンがけ。家族の健康に気を配り、問題が起きないように注意する」というのがラーの口癖であり、信条だった。

ラーはとても顔が広かった。明るい性格、抜群のユーモアのセンス、巧みな話術によるのだろう。たくさんいる友人知人が僕の調査に協力してくれると期待できた。じっさい、世帯調査やライフヒストリーの収集、インタビューなどにおいて、僕はのちにラーの交友関係を最大限に活用させてもらった。たんに人を紹介してもらっただけではない。見知らぬ人から家庭のことをたずねられて、本当のことを答えるだろうか？　相手が得体の知れない外国人であればなおさらである。それが、ラーが同行することで、幾ばくかの真実を語ってくれる可能性がぐっと高まった。(注1)あからさまに嘘をつかれていても僕が気づかず、あとでラーが注意してくれたこともしばしばだった。

ラーは朝五時半に起きる。起きるとすぐに食事の準備をはじめ、家の掃除をし、七時に朝食をとる。それから娘を保育園に預け、工場へ働きに出る。残業がなければ、仕事は五時に終わる。買い物をしてから娘を引き取りに行き、帰宅する。さっと掃除をし、夕食の準備をする。夫の帰宅を待ち、七時頃にいっしょに食事をとる。後片付けが終わると、洗濯、アイロンがけ、入浴などをして、やっとテレビの前に座るのは八時か九時だ。北タイの農村では、涼しくなるこの時間から隣家を訪問し合う習慣がある。ラーもときどき近所の家へ出かける。帰ってくると一〇時過ぎで、その日最後の掃除をし、寝るのはだいたい日付が変わる頃。内職がある季節ならそれが一時、二時になる。週にたった一日の休日さえ、つきあいで知人の家の祭りや儀礼に出かけたり、友人の家に遊びに行ったり、市場やデパートで買い物したりと、家でのんびりしていることはない。

僕は朝から晩までなるたけラーといっしょに過ごすように心がけた。彼女の生活を丸ごと理解したいと思ったからだ。しかしこれは僕にとって相当の身体的苦痛を伴うことだった。ラーといっしょにいるということは、彼女のリズムに合わせて生活するということだ。もちろん朝五時半に起きたり、日に三度の掃除を手伝ったりしたわけではない。けれど、その分、僕にはフィールドノートを書くという仕事があった。取ってきたメモを、家に帰ってからフィールドノートに整理しながら書き写すのである。何年か後になって、記憶が薄れてしまっても理解できるように、丁寧な説明をつけるように心がける。つづりや意味のわからない単語はラーに確認する。時間をおくと、自分でもメモの意味がわからなくなってしまうから、毎日サボることはできない。夜はラーより先に寝て、朝食ギリギリまで布団をかぶっていたけれど、毎日へとへとで、あくびばかりしていた。ベッドでぐずぐずしていて、「怠け者」とラーに叱られることもたびたびだった。そんなとき、よく彼女は黙って、自分は飲まないコーヒーを入れ、僕の枕元へもってきてくれた。

僕はラーに心を許したつもりである。いろいろと問いかけてくるラーにたいし、恋人のことや家族のこと、将来の希望や不安について、正直に話した。工場のことや日本人についても、できるかぎり誠実に説明するように努力した。調査や職場環境への影響を考慮して、ことばを選ぶようなことはしなかった。たとえなにか隠し事をしようとしても、勘のいいラーのことだから、すぐにわかってしまっただろう。

下宿をはじめて二週間が過ぎた頃、深夜にテレビを見終わり、自分の部屋へ戻ろうとしたとき、聞きたいことがあるといってラーが僕を呼び止めた。なんだか思い詰めたような顔をしている。そ

写真20　家の玄関前に集まり内職をする近所の主婦たち。以前はこれが数少ない現金収入の手段だった。手を動かしながらだと、「怠け者」と批判されずに安心しておしゃべりに興じることができる

写真21　村人が共同で寺院に寄進する北タイの伝統的な儀礼行事。ふだんから交流のある他村の人たちもおおぜい招かれる。寺院は各村にだいたいひとつずつあり、村のシンボルとされる

して呼び止めておきながら、しばらくなにもいわずに黙っていた。とてもいいだしづらそうである。僕はラーが、やっぱり家を出て行ってほしい、といいだすのかと思った。

意外なことに、ラーが切り出したのは、職場の休暇制度に関することだった。今年になって、今まで無給だった六日間の年次休暇が有給に変わった。その理由を教えてくれというのである。「わたしが思うには、その分の給料を（社長の）神田さんが知らないところで、（管理部長の）ダムと（庶務課長の）ジョーが取っていたんじゃないかと思う。ベンがいってたけど、前の会社にいたときの上司がそんなことをしていたって。だいたいジョーが家を建てたり、ガソリンスタンドをつくったりできたのは、そのお金のせいじゃないかと思う。……みんな疑っているけど、ダムとジョーを怖がっている。神田さんも怖いので、だれも直接聞けないの」。

つまり、昨年まで、日本人社長が知らないところで、タイ人マネージャーが全従業員六日分の給与を横領していたのではないかというのだ。僕はラーの奇抜な発想に笑いそうになった。しかし、彼女にとっては切実な問いのようだった。僕に怒られるとでも思ったのだろうか、ずいぶんとためらった末に、思い切ってたずねたという感じで、彼女のほおは紅潮していた。僕はまじめな顔になり、可能なかぎり調べてみると約束した。

ラーの思い過ごしだったことは、すぐに確認できた。神田社長にそれとなく聞くと、法律が変わったせいだと教えてくれた。タイの法律はよく解釈が変わるので有名だが、今年になって労働省に問い合わせたところ、最低六日間の年次休暇にたいし、給与を支払うことが会社の義務になったといわれたらしい（注2）。

この一件以来、ラーは自分の困難な境遇や苦悩を少しずつ僕に打ち明けるようになっていった。班長になってから職場の人間関係に悩み、会社を辞めたいと思っていること、家を新築したり夫が入院したりしたせいで見かけ以上に経済的に困っていること、この五ヵ月間夫との関係がうまくいっていないこと、などを話してくれた。僕は、ラーがどんな人間なのか、なにができてなにができないのか、なにを求めているのか、僕になにができるのか、といったことを考えながら彼女の話を真剣に聞いた。こうした姿勢がさらにラーとの距離を縮めていったように思う。

関係の変化

ラーとのあいだに信頼関係が生まれてくるにつれ、他の労働者との関係にも変化が現れた。ラーは友人たちから僕についていろいろと聞かれた。なぜこの工場にいるのか？　どんな人か？　ランプーンでなにをしているのか？　こうした質問に彼女は喜んで答えていたようだ。僕の存在や調査について彼女なりに解釈し、友人たちに語っていた。僕がどれだけ真剣に北タイの文化や労働者の生活について理解したいと思っているか、僕がいかに他の日本人マネージャーたちとは違うかを、力説していた。これはラーが僕の調査を手伝おうとする意欲を示すものであったけれど、一方で彼女の下宿人の正当性を強調することによって自分を守ろうとしていたともいえる。いずれにせよ、ラーの話は同僚たちの僕にたいする興味をかき立てるとともに、僕への親近感を抱かせるようになった。やがて同僚たちは直接僕に質問するようになり、僕個人に関することから、日本という国のこと、留学先の英国のこと、はては哲学的な問題についてまでたずねてきた。

また、彼女たちは、恩田プラスチックの休暇制度やボーナスのしくみ、給与の決定方法など、日本人マネージャーに聞きたくても聞けなかったことを僕に聞いてきた。あるとき、班長のプーが、ラーを通じて僕にたずねた。「班員よりわたしの給料が少ないのはどうして？　自分の給料が一〇五バーツなのが恥ずかしい。班長が班員より給料が少ないなんて。班員に給料がいくらかと聞かれたらなんて答えていいかわからない。班員はみんなそういうことを注意してみてる。給料でその人の地位が決まるのよ」。

僕は庶務課長のジョーに聞き、前山に聞いてみた。すると、その理由は、昇任が随時であるのにたいし、昇給は年一回だけなので、ずれが生じているのだとわかった。

プーにそう伝えると、「それならなぜわたしではなく、もともと仕事ができて給料の高い班員が班長にならなかったのか？」と聞き返された。

もっともだと思った。すこし考えてから、「班長というのは一人で仕事ができるというだけではダメで、その他に必要とされる能力、たとえば統率力とかマネジメント力なんかがある。プーさんはそれらを備えており、仕事ができる他の班員にはそれが欠けているのだろう」と答えた。

プーは少し照れながら、納得した顔をした。「ありがとうございます」といって小さく僕にワイをした。ワイとは、胸の前で両手を合わせてお辞儀をする、いわゆる合掌であり、タイでは最高の敬意を表すときに使うものだ。こうしたことを繰り返すうち、ラーの友人たちのあいだで、僕は頼りにされる存在になっていった。

そんなある日、彼らとの関係を大きく変化させる事件が起きた。その朝、僕は大きな袋を肩から提げて、A棟のドアを開けた。始業直前で、いつものようにおおぜいの作業員が組立作業室の前で鍵が開けられるのを待っており、彼女たちの多くが僕のほうを振り向いた。ひとりの作業員が遠くから僕に向かってなにかを叫んだ。たしか組立課の班長だったと思う。ザワザワしていたし、早口だったので、なにをいったのか僕には聞き取れなかった。大きな袋をみて、僕がどこへ行ってきたのかを聞いたのだろうと思い、「チェンマイに行ってきた」と大声で答えた。(注3)

その返事を聞き、別の班長が僕のほうを向かずになにかいった。それで何人かが笑った。おそらく俗語だろう。正確にはわからなかったけれど、「おまえなんかにそんなこと聞いてねえよ」といったように聞こえた。とにかく無礼なことをいったのは確かである。はっきりと意味が聞き取れなかったこともあって、僕は苦笑いをし、なにもいわずに立ち去ろうとした。もちろん意味がはっきり取れたとしても、言い返す勇気なんてなかったけれど。

そのとき、集団のなかにラーがいることに僕は気づいた。彼女はツカツカとその班長の前に歩み寄り、怒気を含んだ声でいった。「そんな汚いことばを使うな！　キョウさんはあなたより年上なんだよ。キョウさんはわたしといっしょに住んでいるんだから、わたしのキョウダイだ。兄だ。兄にそんなことといわれたらわたしは黙っていられない。キョウさんはタイ語も北タイ方言も、ぜんぶわかるんだよ」。

いまにもつかみかかりそうな勢いがこのときのラーには全身にみなぎっていた。ラーはすごむと本当に怖い。ギョロリとした大きな目でにらまれれば、多くの者は縮み上がってしまうだろう（それにしても僕が北タイ方言が全部わかるというのは言い過ぎである。まだ調査の前半であり、このときの僕はなんとか標準タイ語が聞き取れるようになった程度だった）。当人は軽い冗談のつもりだったのだろう。じっさい、作業員がタイ語のわからない日本人マネージャーにたいして、この種の悪口をいうのはよくあることだ。それが今回はラーの猛烈な抗議に遭い、彼女は唖然としてことばを失っていた。

組立課の多くの人びとがこの事件を目撃し、そのうわさはあっという間に工場全体に広まった。この事件は結果的に、ラーと僕との強いきずなを公表することになる。この後、作業員たちの僕にたいする態度は、他の日本人マネージャーたちへのそれとは明らかに違うものになった。廊下ですれ違うと、多くの作業員が僕に挨拶したり、ニッコリ微笑んだりしてくれるようになった。とりわけラーの親しい友人たちは僕を親しみを込めて「キョウさん」と呼び、気安く話しかけてきた。ただの「イープン（日本人）」ではなく、名前を呼んでくれるようになったことが、僕にはなにより嬉しかった。（注4）

男らしい女らしさの研究

北タイはそれほど男女の区別に厳しい社会ではない。男だけ、女だけに認められることはほとんどないし、どちらか一方の集まりから他方が排除されるということもあまりない。僕が男であることによって、女性の調査に支障が出るということは取り立ててなかった。とはいうものの、男性の調査者が女性の世界を研究するのにある種の困難がともなうのは確かである。その最大のものは、自分で女性の役割や地位、社会関係を経験できないことだろう。「工場のマネージャー」、「ラーの兄」、「マイ村の住民」としてはある程度認めてもらえても、「女性工場労働者」や「村の若い女性」として振る舞うことは許されなかった。ラーとともに隣人や友人を訪ねたり、儀礼や村の行事に参加したりするときはもちろんのこと、ラーとふたりきりでいるときでさえ、僕は尊敬すべき成人男性の位置をあてがわれ、分別のある男性の役割を演じなければならなかった。僕が座っていた椅子から降りて床に座ると、ラーも慌てて床に飛び降りた。柱に寄りかかりたくて僕が席をずらすと、すかさず彼女も席を下座のほうへ平行移動した。(注5) 女性の仕事をしたり、振る舞いをまねようとしたりすると、まわりの人びと、とりわけラーと親しい人びとが落ち着かなくなった。僕が彼らの文化を知らないために間違えているのだと考え、男性のすべき正しい所作を教えた。若い女性が集まっているところに座ろうとすると、ラーが困惑した表情をみせ、上座に導くのが常だった。僕の威厳を保とうと、ラーが最大限の配慮をしているのがわかった。

それは半分はラー自身のためだったと思う。僕の名誉はラーの名誉なのだ。ラーがうやうやしく扱えば扱うほど、まわりの人も僕をそういうものとして扱うようになる。僕がひとかどの人物であるなら、僕を手伝うラーの格も上がるというものだ。それがわかるから、彼女の期待を裏切ることはできなかった。ラーやまわりの人びとと良好な関係を保ち、調査をうまく進めるためには、品行方正な青年として彼らの期待に応える必要があった。日本人の駐在員と比べて格段の素行の良さが、女性たちの僕にたいする信頼を支えていた。

女性の役割や地位、社会関係を自分で経験できないから、僕自身が工場労働者の世界に深く入り込めたという自信はない。女性の世界を研究するうえで、男性の調査者にも女性にない利点があるのは確かだが、女性人類学者によって書かれた、個人的な経験に基づく女性世界の繊細で生き生きとした、情感豊かな描写と比べたとき、僕の民族誌にはそうした記述がないことを残念に思う。

それでも、こうしたハンディキャップをかなりいい線まで克服できたのではないかと僕は思っている。それはこういうことだ。ラーの家に住みはじめてから、僕はラーの親友として、あるいは兄として、ラーといっしょに友人グループや主婦の集いに参加を許された。おしゃべりするとき、僕が側で聞いていても、友人たちはおおめにみてくれた。おしゃべりの内容が夫婦生活や同僚の背任行為に及ぶようなときでも、キョウのことなら心配しなくても大丈夫だと、ラーが無言で保証してくれていたのである。いってみれば、ラーの友人や隣人が僕に悩みやトラブル、心配事を打ち明けてくれたわけではない。僕の前でも平気で、ラーに秘密を明かしただけである。ときには僕が質問することもあったけれど、ラーの協力もあって、彼らはそれにも答えてくれた。

いわば彼女の目を通して僕は工場労働者の世界を描こうとした。この意味でラーを僕の共同調査者と呼ぶのは誇張ではない。彼女は向上心があり、社交的で、機知に富む人だった。僕の大家さん、親しい友人、情報提供者となり、僕の研究の目的や意味を理解した後は関心を共有し、僕といっしょになって社会や文化について熱心に調べた。彼女の質問がときおり友人の答えを特定の方向に導くことには注意が必要だったけれど、疑いなく、彼女は友人との会話を僕が聞きたい方向へ導くことによって僕を大いに助けてくれた。彼女がいっしょにいたからこそ、インタビューで相手が僕に嘘をつかなかったと感じることも数多くあった。彼女のつてや広い交友関係がなかったなら、僕のフィールドワークはこんなに順調には進まなかっただろう。僕の研究成果は彼女との共同作業の結果である。

(注1) もちろん、ラーが同席していてもつねに相手が誠実に対応してくれる保証はない。ラーと疎遠な人物に話を聞くときは特にそうだった。

(注2) 僕がラーに話したことには、ふつうの工場労働者ならとうてい知り得ない内容が含まれていた。いわば僕とラーが媒介となって、日本人とタイ人の職場関係に少なからぬ影響を与えることになっていた。

(注3) 僕はチェンマイに逃げ場所をもっていた。そこはアパートで、荷物を預かってもらっており、具合が悪くなったときや精神的につらいとき、フィールドノートをまとめるときや頭を整理したいときなどに逃げ込んだ。論文も一本ここで書いた。

(注4) 味方ができるということは、同時に敵ができることも意味する。ラーと関係がよくない人びとからは冷たくされたり、敵対的な態度を取られたりするようになった。ただし、彼らにしても、僕に面と向かって挑戦することは怖いらしく、その分僕を口実にラーを攻撃することのほうが多かった。

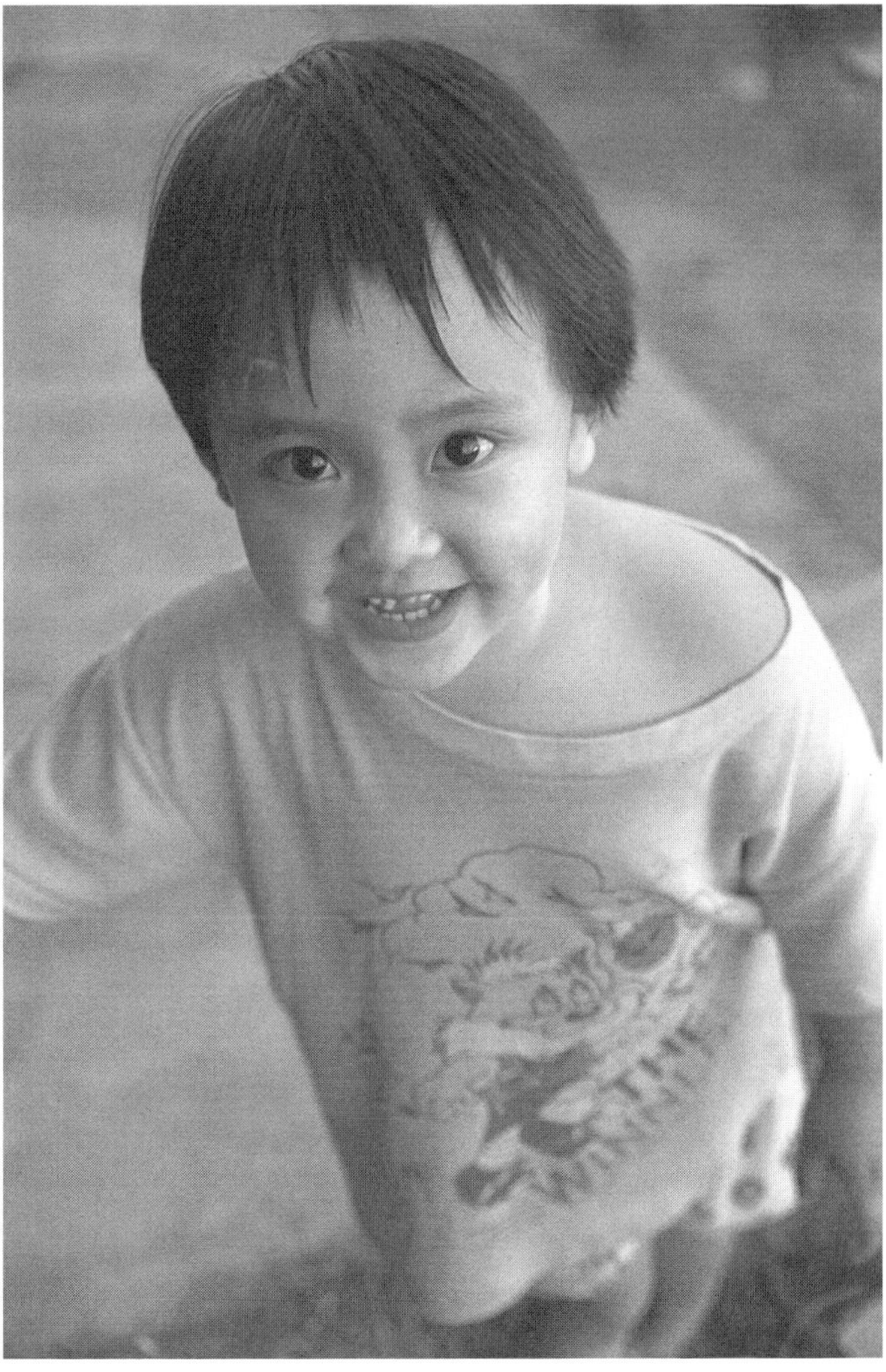

写真22　僕の遊び相手。彼女は当時３歳で、母親が工場へ仕事に行っているあいだ、村の保育所に預けられていた。前髪が不揃いなのは、母親が髪を切ろうとしたときに彼女が嫌がって動いたため

（注5）北タイでは、社会生活のあらゆる空間において、上下および東西南北の四つの方位軸を規準とした方向性が強調される。物理的な上下はそのまま象徴的な上下に一致し、四方位では北と東が象徴的に上位、南と西が下位に当たる。自らが下位の空間的位置を占めることが相手にたいして敬意を示すことになるため、そういう意識の低い僕がなにかの拍子にラーより低い位置に移動したとき、ラーは慌ててそれよりさらに低い位置に移動しようとしたのである。

第六章　理由なき反抗

門番

調査対象社会に接近する際に鍵となる人物のことを人類学では門番（ゲート・キーパー）という。門番は社会の入り口に立っていて、人の出入りを監視し、警備に当たる。村長や部族長といった公的制度の役職者であったり、グループの私的リーダーや霊媒といった社会的影響力の強い者であったりするが、門が閉じられるまでだれが門番であるかがわからないこともある。通常、社会にはいろいろな段階でいくつもの門があるから、門番はひとりとは限らない。

恩田プラスチックの組立課には一五名の役職者がいた。課長以下、主任五名、班長九名である。班長は一五人から二〇人の作業員を監督する。主任はふたつないし三つの班を束ねてひとつの組立ラインを担当する。その上に課長がいて、組立課全体を統括している。日本人マネージャーはほとんど二階の事務室か、喫煙室として使う金型保管庫にいて、問題が生じたときだけ作業室にやってくるから、組立課を実質的にマネジメントするのはこの課長だった。

課長とはいっても、ベンは身長一五〇センチくらい、おかっぱ頭をした色白の女の子である。農業短大を出て、バンコクにある日系の文具製造工場で数年間組立作業員をしていたが、恩田プラスチックができたときに採用されて地元に戻ってきた。年齢は僕よりひとつ下の二七歳だった。はじめて彼女とことばを交わしたのは、僕がまだ研修中のことだ。帰ろうとすると、組立作業室にひとり残って書類整理をしているベンが廊下からみえた。そのときまだ僕は現場の作業員と話したことがなかった。まじめそうな彼女となら、仕事を通じて友だちになれるかもしれないと思い、勇気を出して話しかけた。ことばに不安があったから、ゆっくりと、発音に気をつけて。「わたしに、なにか、手伝えることが、ありますか?」

「マイ・ミー(ない)」。彼女は即座にそう答えると、それきり口をつぐんだ。沈黙が続く。気まずい空気が流れだし、なにかいわなければと僕は思った。

「組立課になにか問題がありますか?」

「マイ・ミー。うまくいっている」。迷惑そうにベンが答えた。

タイ語には敬語があり、目上の人と話すときには男なら「クラップ」、女なら「カ(北タイ方言だと「ジャウ」)」を末尾につけて敬意を示す。日本語の「です」に近い。しかしベンはこれをつけなかった。工場で僕に敬語を使わなかったのは彼女がはじめてである。僕はどちらかというと童顔なので、ベンは僕を年下と思ったのかもしれない。仕事にたいする愚痴のひとつでも聞けるものと期待していた僕は、思いがけない冷淡な態度になんだか恥ずかしくなって、逃げるように作業室を出た。

翌朝、通勤のバスのなかで隣になった柴崎に、ベンとのやりとりについてどう思うかを聞いてみた。タイでの駐在が三年になる彼は、訳知り顔でいった。「タイ人にそんなこと聞いてもダメだよ。みんな問題ないっていうからさ」。

誠意をもって接したつもりだったのだが、聞き方がまずかったようだ。「問題」という単語を使ったのがいけなかったのかもしれない。柴崎によれば、タイ人はみんな、自分の担当部署に問題ありと思われるのが嫌なのだそうだ。

じらされる

研修が終わってしばらく経った頃のことである。組立作業をしてみたいと思い、ベンのところへ相談に行った。僕は一応日本人マネージャーのひとりという扱いだから、わざわざベンに許可を求める必要はない。しかし、タイ人労働者を下にみて、彼らを無視して物事を進める日本人マネージャーのやり方に反感を覚えていたし、他の日本人と僕は違うというところをみせたいという気持ちもあった。

そのときベンは立ち話をしていた。横目でチラリと僕をみたようだったが、知らん顔をしてそのまま会話を続けた。僕の用件を先に聞こうとする気配はなかった。しかたなく、立ったまま待った。近くで作業をしていた作業員たちが、僕を見上げてニヤリとし、なにかボソボソとささやいた。数分して、話がすんだと思ったら、こちらには一瞥もくれず、ベンは別の作業員と話しはじめた。僕はじらされていると感じた。工場では日本人というだけで特別扱いを受けており、なにをするにしても待たされるということがない。タイ人が話し合っているところへ行くと、無理に割って入らずとも、彼らは話を中断し、我々の用件を優先して聞いてくれる。よい悪いは別として、これがふつうだったから、ベンの態度は挑戦的だと感じられた。

帰ろうかと思いはじめたとき、ようやくベンがこちらを向いて、僕にいった。「なにか用なの？」

腹立たしいほど落ち着いていた。待たせたことを詫びることばはなく、やはり敬語を使っていない。

「組立作業をしてみたいのですが、どこに座ればよいですか？」できるだけ丁寧なタイ語で僕はこういい、笑顔を作ろうとしたが、失敗して顔がこわばっているのを感じた。

「どこに座ってもいいよ。二時間くらいいて、途中で抜けてしまうのでは、スケジュールには組み込めない。作業員は休むわけにはいかない。だから（あなたは）どこに座ってもいい。ただみてるだけでもいいんじゃないの」。表情を変えずにこういった。僕のおぼつかないタイ語能力でも、いい方にひどく険のあることはわかった。

たしかにベンのいうとおりなのだけれど、こちらが誠意をもって接しているのだから、もう少し丁重に扱ってくれてもよいのではないか。指示されなければ、どこに座ってよいかがわからない。しかたなく作業の邪魔にならないように壁を背にして立っていた。ベンがいったようにただ作業員の仕事ぶりをみていたのである。しかし立っているうちにだんだん腹が立ってきた。足が疲れてくるとそれはひどくなった。どこに座ってもいいといわれたのだから、座ってしまおう。そう思って、空いている席にドカッと腰を下ろした。自己流で作業をはじめたが、うまくいかなかった。端でみていて可哀想だと思ったのだろう、顔見知りだった品質管理課のメオがやってきて隣に座り、僕に組み立て方を教えてくれた。

調査妨害

それから一ヵ月くらいはベンとのあいだに何事もなく過ぎた。その頃、ラーと僕は夕食後にその日の出来事を語り合い意見を交換するようになっていた。ラーは作業室で見聞きしたことを事細かに覚えてきて、僕に教えてくれた。それを日本人マネージャーや事務員から僕が聞いたことと照合すると、いろいろなことがわかった。これはラーにとってもおもしろかったようで、毎晩、ふたりの話は夜更けまで続いた。

ある晩、いつものように二人で語り合っていると、ラーが急に思いがけないことをいいだした。「キョウさんが（恩田プラスチックに）来て四日目か五日目に、ベンが、キョウさんと仕事のこと以外の話はしないように、だれかにいわれたと、主任と班長の前でいったのよ。これ（部品）は使えるとか、使えないとか、こうやって組み立てるとか、そういうこと以外、話をしてはいけないって。どこから来たとか、どこに住んでるとか、そういう仕事と関係ないことを話さないようにってベンがいったの」。

いっていることの意味が最初はよくわからなかった。ラーはなんの前触れもなくこの話をもちだしたし、すぐに飲み込むにはあまりにも衝撃的な内容だったからだ。僕のタイ語能力が足りず、聞き間違えているに違いないと思い、何度も聞き返してみた。だが、やはり僕の調査に協力するなという命令が組立課で出ていたというのである。

「だれがそんなことをいったの？」

「だれがベンに命令したのかは、聞いていたけど忘れちゃった。そのとき、キョウさんのことを知らなかったから（いまみたいに覚えておいて教えてあげようとは思わなかった）」。

「重要なことだから思い出して。だれ？」

「たぶん、わたしは前山さんだったと思う。わたしやスックは、おかしいと思った。みんなキョウさんとお話ししたいと思っているのに。だからわたしとスックがキョウさんと話したとき、こんなことで会社を辞めろといわれるなら、辞めてもいいと思って、話しかけたのよ」。

品質管理課ではすぐにみんなと親しくなれたのに、組立課ではなかなか知り合いができず苦労したことが、このとき頭をよぎった。「でも、前山がそんなことというかな」。

「わたしは、たぶん、キョウさんに早く仕事を覚えて欲しいから、神田社長が（前山さんに）そういったのだと思う」。

もしこれが事実なら、裏切り行為ではないか。社長は調査に協力するといって僕を受け入れておきながら、裏で邪魔をしていたことになる。調査より仕事を優先して欲しいという気持ちはわかる。でも、こんな命令を出されては、思うように動けない。ともかく、真相を明らかにしなければならない。事を荒立てれば会社を追い出される危険もあるが、今後も妨害され続けるくらいなら、いっそのこと、別の会社に移ったほうがましだ。いや、僕の意図をもう一度じっくりと説明し、十分に話し合えば、神田社長ならわかってくれるだろう。こんなことを考え続け、この夜はベッドに入ってもほとんど眠れなかった。

翌朝出社すると、さっそく前山を呼び出した。ラーから聞いた話には触れず、まずは遠回しに探りを入れてみたが、引っかかってこなかった。とぼけているようにもみえなかったから、本当になにも知らないのかもしれないと思った。しまいにはじれったくなって、単刀直入に聞いた。

「そんなこといってません。なんでそんなことを僕がいうんですか！」そういって、キッとした目で彼はまっすぐに僕をみた。

やはり前山ではない。他の日本人四人とは距離をうまく取りあぐねていたものの、彼とは忌憚なく物事を言い合える関係にあると思っていた。彼の実直で礼儀正しいところが好きだったし、もともとこんなことを聞けたのは、そういう前山だからである。おそらくラーの記憶違いであろう。

それでは、いったいだれがベンにあんなことをいったのか？　神田社長か、それとも柴崎か？もしかしたら、伝言ゲームのように、社長の何気ない一言が、何人かを経て、ラーまでくるあいだに歪んでしまったのかもしれない。社長は「平井にちゃんと仕事をさせろ」といっただけなのに、それがいつの間にか、「調査をさせるな」に変わったとか。ありえないことではなかった。だとしたら、社長の裏切りとはいえない。会社を辞めるほどのことでもない。この後も、柴崎や神田社長

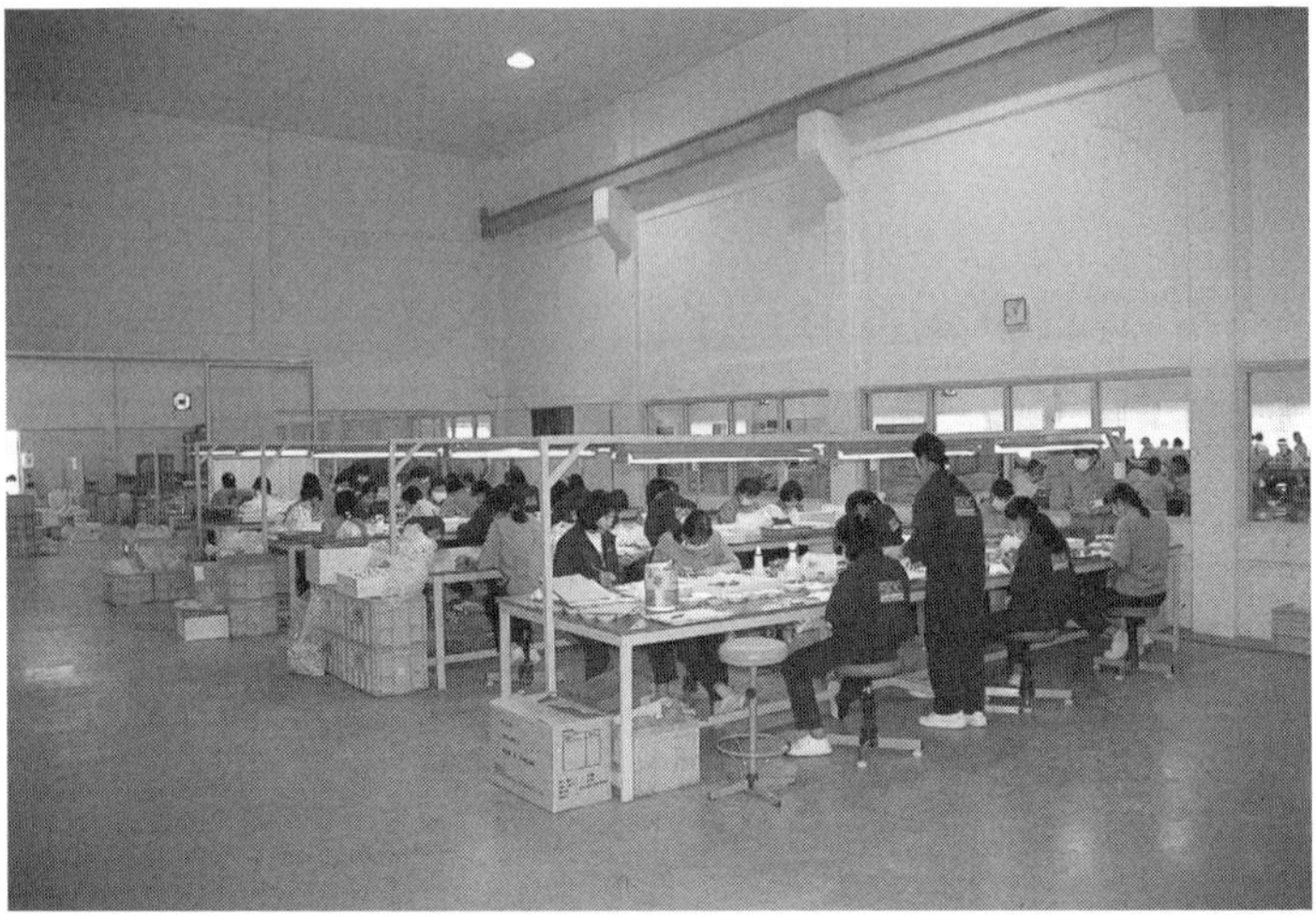

写真23　恩田プラスチックのC棟。僕はしばらくこの部門のマネジメントを任されていた

に探りを入れてみたものの、結局、真相はわからずじまいだった。

お手並み拝見

それから一ヵ月が過ぎ、かねてから建設中だったC棟が完成すると、そこでC型ペンの部品を検品する作業を僕が担当することになった。はじめて任されるまとまった仕事である。僕は張り切っていた。

前山から指示されたとおり、午後一時にC棟へ行き、机をもってきて作業がしやすいように並べ、部品を運び込み、作業員四人が来るのをひとりで待った。辛抱強く待ったけれど、一時半を過ぎても来なかった。二時になってもだれも来なかった。作業員は組立課に出させると前山から聞いていたが、ペンに直接文句をいうのは嫌だったから、事務室まで戻って前山に状況を説明した。

「えっ、まだ行ってないんですか？　ベンにいっといたのになぁ。すいません、すぐ行かせるようにします」。前山は申し訳なさそうにいった。

C棟に戻り、さらに待っていると、しばらくしてベンがひとりでやって来た。黙ってにらんでいる僕に、彼女が先に口を開いた。「いまは組立課が忙しいので、だれも来られない。新人の六人でいいでしょ。彼女たちも新製品がどんなかたちなのか勉強しなくちゃいけないし」。

意地悪をしている、と思った。検品とは、他社から納入された部品を検査することであり、正しい部品の形状や性質を熟知した者でなければできない。組み立て終わってから部品の不良に気づくと、全体を分解して、またはじめから組み直さなければならないから、検査にはなんとしても慣れた作業員が必要だった。このことはベンもよくわかっているはずである。彼女は自分のところで余っている新入社員を押しつけ、僕を困らせようとしているに違いなかった。

「C型ペンに慣れた人を出してくれなければダメだ」。仕事上、どうしても必要なことだったから、これまでになく強い口調でいった。

僕の鼻息の荒さに、いつも冷静なベンが少しだけ動揺しているようにみえた。「そんなことといっても、だれもここに来ることに納得しない」。

押し問答をしているところに、前山が様子をみに来た。ベンより先に僕が日本語で訴えた。前山は即座に、「四人、（C型ペンの）チェックに慣れた人をここに来させなさい」とベンに力強く命じた。ベンはなにも答えずに怒った顔をしてA棟へ戻っていった。

部下がC棟へ来たがらないというのは嘘に違いなかった。ベンは自分の部下を僕のところへ出したくなかったのだ。前山に叱られてはじめて部下に指示を出した。なぜ僕がそう断定できるかというと、このとき指示を出した部下のひとりがラーだったからである。僕は家に帰ってからそれを聞いた。ベンはこのときずいぶんとふてくされていたらしい。

作業員を四人連れて戻ってくると、どういうわけか、ベンは彼女たちとともに机の前に座った。「わたしは（仕事のやり方を）よく知らないので説明ができませーん。さあ、キョウさんが説明してくれるから、みなさん、よーく聞きましょう」。猫なで声でそういって、自分もしっかりと聞く姿勢を取った。作業員の前で恥をかかせようとしているに違いないと僕は思った。ベンに説明できないはずがなかった。この日の前日、ベンがこの作業を前山から教わっているところをみたのだ。

気が進まないながらも説明をはじめた。以前にかかわったことがある仕事だったし、作業には自信があったけれど、まだ十分操れないタイ語で、細かいことを長々と説明するのには骨が折れた。ベンの鋭い視線は、僕の技量やタイ語の説明を逐一確認しているようだった。僕がなんとかそつなくこなし、当てが外れたのであろう。ベンはしばらく黙って聞いていたが、そのうち静かに席を立ち、A棟へ戻っていった。

巻き添え

僕が組立作業についてそれなりの知識があることを認めたのか、その後、ベンが直接僕に挑んでくるようなことはなかった。その代わり、僕との関係について、ラーにいろいろと干渉するようになった。ある夜、ラーが僕にいった。「キョウさんのいうことを信じてはいけないって、（今日）ベンがいったのよ。調査者はもっとも身勝手な人間だって。問題が大好きなんだって。ラーはタイ人より日本人を信じているっていわれたわ」。

僕は一瞬ことばを失った。間をおいて、今度は怒りがこみ上げてきた。耳の裏が熱くなるのを感じた。思いやりを大切にするタイの人間関係において、自分勝手というのは最大の侮辱である。しかし、内心、ベンの指摘が一面の真理をついていることも認めざるをえなかった。工場で事件が起きると、僕は飛んでいって話を聞き、喜んでメモしていた。はっとするような事件がバンバン起きたほうがうれしかったのは事実である。僕はこれを否定できない。もちろん、問題をみつけ、その解決策をいっしょに考えるという言い訳はできるだろうけれど、調査者が問題が起きるのを好むという本質に変わりはない。僕が直接彼らの役に立てることはほとんどなく、また、なるべく調査対象社会に干渉しない立場を取ってもいる。残念ながら、痛いところを衝かれて僕は余計に腹を立てたのだと思う。一ヵ月半前に、組立課に問題があるかと僕がベンに聞いたことをこのとき思い出した。

ラーは興奮しながら続けた。「キョウさんがどんな人だか知っているかってベンに聞いたの。そしたらベンは、調査に来た学生でしょうといった。そうじゃなくて、キョウさんの人柄を知っているのかって聞いた。ベンが黙っていたから、ラーはいってやった。仕事のことなら従うけれど、それ以外の生活のことならわたしが自分で決める。ベン姉さんのいっていることはわけがわからない」。直属の上司にラーはここまでいったらしい。

メオから聞いたところによると、この後ベンは腹いせに、ラーの悪口を同僚にいいふらしていたらしい。「ラーは以前はいい奴だった。それがいまは嫌な奴になった。タイ人よりも日本人を信じて、その手助けをしている。ラーとかかわりをもつな」。

「困難」は手がかり

この頃には、僕はほぼ確信していた。日本人マネージャーが僕と話さないように命じたというのは、ベンの作り話だ。「日本人マネージャーの命令」という言い方は、タイ人の上司が部下を説得するのに使う常套句だということもわかってきた。この命令は実質的にベンが出したに違いない。しかしなぜ？　なんの目的で？

ベンとの仲が一段落したある午後、ラーはたまたまベンとふたりきりになる機会があり、思い切って、理由もなくなぜキョウを嫌うのかとたずねた。するとベンはこう答えたという。「キョウには思いやりがない。身勝手だ。会社にいたって仕事なんかしてないじゃないか。我々はタイ人だ。キョウは日本人である。我々タイ人は日本人から取れるだけ取っていればいい。日本人は頭がいい。

日本人はタイ人をバカだと思っている。だから日本人を助ける必要なんてないんだ」。

ベンが僕を不快に思う理由はまったくわからないでもない。日本人というだけで僕に上司面されたくないと思ったのだろう。僕は正式な社員ではない。知識も経験も乏しく、権限をもつ地位にも就いていない。そのうえ六ヵ月したら去って行く。こうしたことをベンはだれよりもよく理解していたから、自分の仕事に口出しされたくないというのはあったと思う。しかし、これだけで彼女の行動すべてが説明できるとは思えない。

調査者がフィールドで出遭うさまざまな困難は、大きければ大きいほど、その社会の理解に貴重な手がかりを与えてくれるものである。（注1）この後もベンの妨害は続き、憎しみすら抱くほどに苦しめられたが、彼女を理解しようと苦闘するなかで、恩田プラスチックにおける日本人とタイ人の関係について、僕は多くのことをこの後知るようになった。

（注1）失敗は成功のもとである。地域の慣習についての知識が足りないから失敗するわけで、逆にいえば、失敗することが地域の慣習を理解するための近道となりうる。

第七章　嫌われる理由

ライバル登場

本社から新しく人が来ることになった。ネモトさんは二八歳、関西の有名私大商学部を卒業し、商社へ五年間勤めた後、恩田プラスチックに入社した。本来なら、一年から二年は本社にいて、射出成型や組み立て、品質管理の知識を習得し、そのうえで現地に派遣されるところである。面接の際にはそういう話だったし、自分もそのつもりでいたと後にネモトさんも語った。ところが、本社工場で三ヵ月の研修を受けたのち、タイ勤務を命じられた。神田社長によれば、タイ駐在を命じられた他の社員が、タイに行くくらいなら会社を辞めるといいだし、代わりに行く者もみつからなかったので、ネモトさんに白羽の矢が立ったという。ネモトさんは以前にタイにいたことがあり、新聞がスラスラ読めるほどタイ語が達者だという。本人は、ろくに組み立てもできず、まだ早すぎるといって、いったんは断ったらしいが、とりあえず通訳として働きながら現場で少しずつ仕事を覚えればよいと説得されたそうだ。

ネモトさんが初出勤した日、神田社長が会議でいった。「ネモトさんが来て作業がしやすくなった。日本語からタイ語にダイレクトに訳せるようになった。いままではわたしが日本語を英語になおして、それをタイ語に訳させていた。ところが訳す人間（管理部長のダムのこと）が専門用語をわからないので、なかなか進まなかった」。

たんなる通訳にとどまらず、品質管理の徹底やQC活動の推進、マネージャーの育成など、長期的な視野に立って従業員を教育することがネモトさんに期待されていた。僕は正直焦った。これらは、僕がこの二ヵ月間にやってきたことだったからだ。ネモトさんのようなタイ語ペラペラの正社員が来れば、僕はもう不要になるかもしれないと思った。

工場のコミュニケーション

現地工場のマネジメントで最大の障害となるのは言語である。恩田プラスチックのような中小企業の多くは、一九八〇年代半ばにおそった急激な円高や、取引先からの強い要請によって、急遽即席で東南アジアに進出した。語学力のある人材に乏しく、派遣前に十分な教育を受けさせる余裕もなかった。

恩田プラスチックで英語が話せたのは、日本人では神田社長ひとりだけだった。ブロークンだが、ダムには十分に通じた。というより、ダムにしか通じなかった。理由はよくわからない。いくら根気よく話し合っても、他の事務員とは会話が成立しなかった。柴崎と前山はタイ語が少しできた。こちらに来てすぐ語学学校へ通ったそうだ。しばらく行って、面倒くさくなって辞めたらしい。あとは夜に「カラオケのお姉さん」と復習しながら語彙を増やしたという。そのせいか、彼らの語彙には大きな偏りがあり、ビジネスの分野よりも宴会の分野で豊富だった。度胸のある山田さんは、半年以上栃木弁一本で仕事をしていた。タイ人スタッフでは、ダムの他に、営業管理課主任のゴップが英語を話したが、あとは外国人相手に話すというレベルに達していなかった。

これでどうやってコミュニケーションをとるかというと、いわゆるチャンポンである。日本人は日本語文をベースにして、タイ語の単語や熟語を挿入する。あとは身ぶりで補う。たとえば、前山はベンに注意するとき、「ベン、これじゃメ・ダイだよ」といい、胸の前で右手を左右に振る。「メ・ダイ」はタイ語で「よくない」という意味だ。

タイ人はタイ語文をベースとし、そこに「アセンブリー（組み立て）」「シャフト」「ガイカン（外観）」「バリ（プラスチック成型時にできる本体からはみ出た突起部）」といった日本語や英語の専門用語を混ぜたり、「イイ」「ダメ」といったカタコトの日本語を挿入したりする。口でダメなら手で話し、顔で説明する。作業手順や修理方法は、実演してみせればどうにか意を伝えることができる。

とはいえ、これだけだと、どうしてそれが必要なのか、そうしなければならないのはなぜか、といった少し込み入った話になると、お手上げだった。腹を割って話したり、微妙なニュアンスを伝えたりといったことはまずできない。互いの理解は深まらないままである。

密告

ネモトさんの研修がはじまった。各部署で三日から一週間、業務内容の説明を受けたのち、実際に簡単な作業をやってみる。工場の全体像や作業の流れを把握するのが主な目的だった。

行った先々でネモトさんは積極的に作業員に話しかけたらしい。しばらくして、ネモトさんのタイ語はわからないというわさが流れてきた。いっていることが意味不明で、いわれたことも理解できないらしかった。実際に僕が側で聞いてみたところ、声調が少しあいまいなようだった。タイ語は声調が肝心である。声調とは音の高い低いや、上げたり下げたりすることで、同じ「マー」という発音でも、語尾が上がったり、下がってから上がったり、そのまま伸びたりすることによって、「馬」になったり、「犬」になったり、「来る」になったりする。タイ字新聞を本当にスラスラ読んでいたから、きっとネモトさんは読み書き中心にタイ語を勉強したのだろう。

ネモトさんには悪いけれど、僕は内心ほっとしていた。彼のタイ語ではしばらく使い物になりそうもない。少なくともあと三ヵ月、調査期間中は僕の存在意義が薄れることはなさそうだった。

研修の最後、ネモトさんは僕のいる組立課にまわってきた。何日かして、数人の作業員が事務室に呼び出され、欠勤、作業中のおしゃべり、トイレに行く頻度などについて、庶務課長から厳しく注意を受けた。こんなことはいままでになかったことである。勤務評定の時期でもないいま、なぜ彼女たちは事務室に呼び出され、叱責されたのか？

納得できない作業員を代表し、班長のラーがベンに質問した。「トイレに行く回数が多い人はたくさんいるのに、なぜ特定の人だけ呼ばれたんですか？」

「わたしは知らない。でも、たぶん、ネモトが疑わしい。最近、組立課に出入りしている。みていて神田にいろいろと報告しているのだろう」。みんなが作業室の片隅に視線をやった。ネモトさんがひとり離れて黙々と組立作業をしていた。

密告したのはベンに違いない。すぐにそう思ったが、僕は黙っていた。すると、ラーがベンに向かっていった。「どうしてそんなことをいうの。ネモトはなにもわからないでしょう。アリラック（事務室に呼ばれた作業員のひとり）といったって、だれがアリラックかネモトにはわからないじゃないか。どうしてみんながネモトについて誤解するようなことをいうのよ！　みんなが日本人を嫌いなのは知っているけど、なにも人を誤解させるようなことをいう必要はないでしょう」。

僕は驚いた。ラーのいうとおりなのだが、彼女がネモトさんのためにここまでいうとは思わなかった。僕がネモトさんの苦労を家で聞かせていたせいかもしれない。ベンはなにもいわずに無表情で作業室を出て行った。悪いことが起こらなければよいが、と僕はこのとき思った。

巫女

ベンは初対面のときからネモトさんに敵対的な態度を取った。それは僕のときと同じだった。なぜだろうか？

わざとらしく聞こえるかもしれないが、僕はベンが特別に悪い人間だと思っているわけではない。確かに彼女が嫌いだったし、許せないと思っていた。仕返しできる機会があれば、していたかもしれない。しかし腹の立つ行動のすべてを、彼女の個人的な性格のせいにするつもりはない。第一、僕が彼女の人柄について知っていることといえば、気位が高いこと、無表情なこと、それに、お世辞にも親切とはいえないこと、くらいである。彼女の行動のうちのいくらかは、職場における役割や人間関係がそうさせているに違いなかった。

恩田プラスチックでは、タイ人労働者がみんな日本人マネージャーとコミュニケーションが取れるわけではなかった。前山のタイ語は発音が自己流で、慣れないとまったくの日本語に聞こえる。何度も聞いて、彼のタイ語の語彙や言い回しの癖に慣れて、「ダイジョウブ」「サムイ」といったカタコトの日本語を学んで、はじめて彼と会話のようなことができる。組立課でこれができるのは四人だけだった。日本語が一番上手でリーダー格のベン、主任のジャンとスック、それに班長でベンのメイのノンである。この四人は自他ともに認める日本通であり、前山は何かあると、かならず四人のうちのだれかのところへ相談に行った。それも、だいたいはベンだった。

彼女たちは日本人とのコミュニケーションを独占していた。だから、互いに協力し合っていれば、日本人が受け取る情報のなかに、自分たちの利害を反映させることはたやすかった。自分や自分の親族についてだけ日本人がよい印象をもつように、特定の情報を優先的に伝えたり、都合の悪い情報をもみ消したり、失敗を同僚のせいにしたり、手柄を独り占めにしたりすることができた。場合によっては、通常は日本人が知ることのほとんどない同僚の失敗や違反を密告することだってできた。(注1)

ラーの友人であるトンが班長に昇進してすぐの頃、ラーが僕のところへ相談に来た。トンの昇進を妬んだ同僚が、あの手この手で意地悪をする。トンは耐えられそうもないので、ひらの班員に戻してほしいと申し出た。ところが、ベンがまともに取り合ってくれない、という。

「こういうときは、日本人マネージャーと直接話したほうがうまくいくよ」と、頭に浮かんだことをそのまま僕は口にした。ベンなんか無視すればいい。前山か柴崎にいえば、もとに戻してくれるだろう、と思った。すると、すぐにラーにいい返された。「だれと話すのよ！　日本人はタイ語を話せないのに」。

ラーのいうとおりだった。彼女たちは不満を伝えたくても伝えられないのだ。

あるとき、組立課で前山が仁王立ちになり、なにかをわめいていた。

「カタカタカタカタカタカタ」。

怒っているのはわかる。しかし、なにを怒っているのかはだれにもわからない。前山は怒るとよく、相手にかまわず日本語でまくし立てた。「ふざけんじゃねえ。何回いっても、なんでおめえたちはわかんねえんだよ」。

前山が引き上げた後、主任や班長が不安な顔で集まって、ベンに聞く。「なんで前山は怒っていたの？」

ベンはまるで巫女のように、神の意志をおごそかに告げた。「前山は『仕事が忙しいのに班長が遊んでいる』と怒っていた」。

これを聞いて、班長たちは激怒した。ちゃんと仕事をしているのに、なぜ前山はそんなひどいことをいうのか。
実際は、前山はそんなことをいってない。先週出荷した製品に不良品が多かった。それで取引先から苦情が出た、という趣旨のことをいったのだ。ベンはこういうとき、面子があるから、日本語がわからないとはいえない。それで当てずっぽうをいったのだ。

託宣はときにねつ造された。日本通の四人が、「通訳」という立場を利用して、実際にはない日本人の命令を、いかにも本当らしくつくり上げるのだ。ベンはよく、部下が嫌がりそうな命令を出すとき、「日本人の命令だから（我慢しなさい）」といって聞かせた。部下が担当を替えて欲しいといえば、「前山が怒るから替えられない」といって我慢させた。実際には、日本人マネージャーが組立課内の担当について口を挟むことはまずない。ベンは日本人を楯にして部下と対峙するのを避けているのだ。

こうした言い訳は思わぬ結果をもたらしていた。ある作業員がいった。「日本人のマネージャーは嫌い。前山はいろいろといい過ぎる。仕事でたくさん不良品をつくったとき、前山は担当をすぐ別の人に替える。作業のやり方を変えさせることもある。たとえば、ギアで失敗がたくさん出たとき、作業していた班をまるごと他の班に替えさせた。そしてまたすぐに別の人に替える。他の作業でもすべてこんな感じだ。前山はうるさいことをいい過ぎる」。

この作業員はカタコトの日本語すら話せない。そして、前山と話したことは一度もない。それなのに前山を嫌うのは、ベンの話を聞かされているからだった。ベンの言い訳からタイ人労働者の日本人にたいするイメージがつくられているのである。

宿命のライバル

組立課で日本人とタイ人のコミュニケーションを独占しようとするベンにとって、タイ語を話すネモトさんは強力なライバルと映ったのではないか。それでネモトさんを同僚から、そして日本人から、引き離そうとしたのではないか。ネモトさんがだれからも信頼されなければ、彼女の媒介者としての地位は安泰である。僕はベンのネモトさんにたいする敵意の根っこにあるものが理解できたように思えた。

この理解が正しいとすると、同じことは僕とベンとの関係にもいえる。ベンは僕を個人的に嫌ったというよりは、僕にたいしてライバル意識をもったのではないか。

ベンが僕にライバル意識をもつ？　これまで僕はこんなふうに考えてみたことがなかった。日本人マネージャーはタイ人労働者を自分と対等な恩田プラスチックの従業員だとは考えていない。タイ人労働者は彼らの命令に服従するのが当然であり、服従しなければ、無知だからか、遅れているからか、反抗的だからとみなす。ここまで極端ではないとしても、僕もベンを自分と対等な存在とは考えていなかったことを認めざるをえない。

そういえば、ラーがかつてこんなことをいっていた。「ベンはキョウさんがベンと話をしないで、メオやノイとばかり話をしているのが気にくわなかった。ベンにすれば、ベンは彼女たちより偉いのだから、日本人は全員ベンと話をしなければならないと考えている」。僕はそのとき、ベンの思い上がった態度を不快に感じただけで、自分が彼女の邪魔をしているなどとは思いもよらなかった。

ベンの失敗に気づけば、僕は前山に報告した。そのことについて聞かれれば、ラーやメオにも説明した。組立課の班長全員の前でベンのミスを指摘したこともある。なんらかの意図があってそうしたわけではない。たんに誤りは正すべきだと思ってそうしたのである。しかしこのとき、僕自身が密告者となり、巫女となっていなかっただろうか。

ベンは、タイ人の世界と日本人の世界を媒介することで、組織を動かし、権威を示し、名誉を獲得していた。知らず知らずのうちに同じことを僕自身もしていた。ふたりが競合するのは宿命だったのかもしれない。

ネモトさんの戦争

ある程度は、ベンの努力が功を奏したのだろう。通訳としてあまり役に立たず、部下からも軽んぜられていることがわかると、日本人のネモトさんをみる目は冷ややかなものになっていった。もともと柴崎と前山は、年上で、学歴が高く、それでいて仕事はできないネモトさんを、どう扱ってよいのか困っている様子だった。そのうえ山田さんが抜けた分、忙しくなっていたふたりには、ネモトさんにつきっきりで仕事を教える時間の余裕がなかった。ネモトさんのほうでも、いわれたことは一所懸命やるけれど、内向的な性格のせいか、自分から進んで仕事を探す努力はしていなかった。ひまなときはひとりで射出成型の本を読んでばかりいた。ネモトさんはしだいに孤立し、僕以外の人間から話しかけられることがなくなっていった。陰で社長や前山が、ネモトさんがいなければ、その経費で組立作業員を二〇人も雇える、というまでになった。

そんなときである。神田社長がネモトさんを夜勤専門のマネージャーに任命した。夜のシフトで増産することになったので、それをネモトさんに管理させることにしたのである。社長がネモトさんにいった。「なにか問題があればいってください。我々日本人ですから、話し合えばわかる」。

僕にはしらじらしく聞こえた。いままで夜のシフトに日本人が出ることはなかったのだから、体のよいやっかいばらいじゃないかと思った。

ネモトさんは昼間マンションで寝ていて、夜になると出勤してくる。熱帯だ。日中は、屋根や壁に照りつける日差しで、部屋は蒸し風呂のようになる。いくら冷房を入れても、ぐっすり眠れるはずがない。交替はなく、八時間労働の我々とは会うこともない。連絡帳を通じて前山と業務連絡をするだけだ。僕はひどい仕打ちだと思ったけれど、意外にも、責任のある仕事を与えられてネモトさんは張り切っていた。

しばらくして、久しぶりにネモトさんと会う機会があった。「調子はどうですか？」まわりにだれもいないときに、僕のほうから話しかけた。

「だれもわたしのいうことなんか聞かないですよ。前山さんにいわれてその通り（主任の）ブンにいっているのに、わたしがいったんじゃ聞かない。バカにして相手にしない。自分のほうがよく知っていると思っている。それで前山さんがこういったんだといっても、それはおかしいという。それで前山さんに電話をかけて、直接いわせるとやっと納得する。前山さんのいうことは聞いても、わたしのいうことは聞かないですよ。毎日、タイ人と戦争していますから。そのつもりでやっています」。

ネモトさんはそういってメガネを外し、目頭を強く押さえた。僕の耳に「戦争」ということばが残った。

半年後、ネモトさんは突然会社を辞めた。このとき、僕はすでに恩田プラスチックを去り、農村で調査をしていた。以下はラーに聞いた話である。

夕方六時頃、作業室にいたネモトさんとブンが些細なことで口論となった。ふたりはだんだんエスカレートしていき、ブンがネモトさんの胸ぐらをつかんで顔を殴った。このときネモトさんのメガネが飛んでレンズが割れた。翌朝、ネモトさんは会社に辞表を出した。事件について、ネモトさんもブンも会社には黙っていたらしい。それをベンが前山に密告した。それでも前山は、「日本人はみんなネモトが嫌いだから、問題にはならない」といったそうだ（僕にはこれが本当のことだとは思えない。たぶんベンの嘘だろう）。ブンは社長に呼ばれ、事情を聞かれたが、なんのとがめも受けなかった。

社則によると、社内での暴力沙汰は、理由はどうあれ、即、懲戒免職のはずだった。社則よりもブンのスキルのほうが会社にとって大切だということか。

僕はネモトさんにすまない気持ちでいっぱいになった。僕がいたために、ネモトさんはスタートの時点で本来の役目である通訳として活躍する機会がもてなかった。なにかにつけて僕と比較され、その能力を過小評価された。僕さえいなければ、みんなの接し方も異なり、会社を辞めることにはならなかったかもしれない。

夜更けにフィールドノートをつけながら、ふと思った。もしかしたら、僕はネモトさんを裏切っていなかっただろうか。友人のような顔をして悩みを聞く一方で、彼のどこがいけないか、なぜうまくできないかを、得意気に前山やラーに話していなかったか。そしてそれは、自分がネモトさんより工場にとって有用な人間であることを示そうとしてしていたからではなかったか。つまり、ベンがネモトさんや僕にしたのと同じことを、僕はネモトさんにしていたかもしれないのだ。

いや、そんなことはない。現地を無視した本社の人事によって不幸な立場に置かれたネモトさんに僕は同情していたし、できるかぎり彼を支援していた。これは嘘ではないと自信をもっていえる。だが、知らぬ間におまえはネモトさんと競っていたのではないかといわれれば、それを否定することはできない。

（注1）通常、作業員のあいだに流布している同僚の違反や過失の話が日本人に伝えられることはない。同じタイ人の弱みを日本人に売ってはならないという暗黙のルールがあるからである。密告者は、ふだん同僚仲間として行動していながら、時機をみて、自らの利益のために舞台裏の情報を密かに日本人マネージャーに売り渡す。

第八章　日本的経営

どうしてだろう

その日、僕は鈴木さんを空港まで送っていった。鈴木さんは品質管理の専門家で、僕が入社する少し前に本社から派遣されて来ていた。僕はこの二ヵ月間通訳として側でみていたから、彼がどれだけ真剣に作業員を教育しようと努力したかを知っていたし、その結果に彼がどれだけ失望していたかも知っていた。

マイクロバスが高速道路を降り、車内が少し静かになったところで、ふだんはあまり自分のほうから話しかけてこない鈴木さんが、前を向いたままポツリといった。「どうしてタイ人は先のことを考えて行動しないんだろう。計画性がないんだよな。早く仕事（を）はじめれば早く終わるのに、いわれるまで、みんなでおしゃべりしている。早く自分たちではじめれば、早く終わるのに」。

車内は鈴木さんと僕、それにタイ人の運転手だけだった。「わかった、といっても、あいつら全然わかってない。それはよーくわかった」。

鈴木さんがこちらを振り返る。後部座席で僕が肯くのを確認してから、もう一度前を向いていった。「強くいったら辞めちゃうだろーなーと、わかってはいるけれども、やらなくちゃいけないことは、やってもらうようにいうしかない」。

彼のいうことを僕は一字一句メモしていた。僕の手元は鈴木さんの位置からはみえないはずだった。

「こいつら、それでさっぱりと会社辞めちゃうんだよね。俺だって嫌なこといっぱいあるとき、会社辞めたいなーと思うけど、辞めらんないんだよな。タイ人はそういうのないんだろうな」。

作業員の大半は地元の人で、自宅から通っている。稲作をやっているし、山で果物や野菜、川で魚やエビ、田んぼでカエルなどが豊富にとれるから、とりあえず工場を辞めても飢える心配はない。僕がそう解説すると、鈴木さんはなるほどという顔をした。

「融通を利かせるってことができないのは、本当にどうしてだろうって思う。理解できないんだよ」。

ぼやき

日本人マネージャーは、タイ人部下の手際の悪さやいい加減さについて、じつによくぼやいていた。集まればぼやき、ぼやくために集まった。時にはそれで楽しんでいるようにもみえた。いったいなにをぼやくのか。その内容はだいたいいつも決まっていた。おおまかにいって、三つに分けることができる。

ひとつは、労働意欲の欠如である。前山や柴崎はよく、「仕事にたいする情熱ってものがないんだよ、あいつらには」とか、「いわれたからしかたなく、嫌々やるという姿勢がよくない」などとタイ人部下を批判した。

中国工場に勤務経験のある山田さんにはこんなお得意の愚痴があった。「単純作業やらせるといいんだよ。でも、新しいことを覚えようという気がない。三ついったらひとつしかしない。香港だったら、みんななんとか上の地位に就こうと思って、競争して技術を覚えようとする。こっちの人は欲がないんだなぁ。給料を少なくしていいから、肩書きを元に戻してくださいっていう奴がいるんだから」。

タイ人が日常よく使うことばに「サバーイ」というのがある。一般的には「快適な」とか、「健康な」と訳すが、さまざまな文脈で用いられる。外国人にはその意味を正確にとらえることは難しい。職場においては「(上司や同僚と)人間関係がよい」を指すことが多いように思う。日本人マネージャーたちは、この「サバーイ」を、タイ人の労働意欲の欠如を示す証拠としてよく取り上げた。タイ人は「サバーイ、サバーイ」といいながら、「楽をする」ことや、「怠けてダラダラする」ことばかり考えている、というのだ。

日本人マネージャーのぼやきは、タイ人労働者の個人主義的な行動についても向けられた。チームワークがないというのである。「仕事の枠がはっきりしすぎている」、「手が空いているから忙しい他の仕事をやってもらう、とかができないんだよ」、「他の人を助けるという発想がない」、等々。そういいたくなる気持ちは僕にもわからないではない。メオとノイが並んで仕事をしていたとする。

メオが上司にいわれて他の作業に移った。すると、メオのやりかけの仕事がそこに残される。ノイがこれに手をつけることはけっしてない。たとえノイが自分の担当分の作業を終え、手が空いたとしても、ただぶらぶらしているだけだ。これは、人の仕事に手を出すのは相手に失礼だと思うからなのだが、日本人マネージャーにはそれが理解できないから、ひどく自分勝手な振る舞いにみえる。

日本人マネージャーたちがぼやくことの三つ目は、いわゆるジョブホッピングである。ジョブは「職」、ホッピングは「飛び跳ねること」、つまり短期間にどんどん工場を移ることだ。せっかく育てた人材も、ちょっとしたきっかけですぐに流出してしまう。まだ恩田プラスチックに籍があるうちに他社の試験を受け、採用されると翌日からそちらで働き出すのである。「あいつらには、会社を愛するって気持ちがないのかよ」とぼやきたくなるのも理解できなくはなかった。

こうした日本人マネージャーによるタイ人労働者への不満は恩田プラスチックだけのことではなく、北部工業団地で働く日本人駐在員たちが共通してもっているものだった。それゆえ日本人どうしがなにかの機会に会うと、この互いに共感し合えるタイ人の悪口をいいあうことになった。柴崎がいう。「パーティーやゴルフにはチェンマイの日本企業から人が集まるけど、話すことっていったら、ゴルフ、カラオケ、タイ人の悪口。他に共通の話題がないもんね」。

当たり前のことだけれど、タイに「やる気のない」文化や、「助け合わない」文化、「理由もなくすぐ転職する」文化があるわけではない。そうみえるとしたら、我々がそうみているだけだ。僕はここに「日本人論」や「日本的経営論」が関係していると思う。日本人論とは、日本が成功した主な要因は、自主性、協調性、忠誠心といった、集団主義的な日本人の国民的性格あるいは日本文化にあるとする議論である。(注1)日本人論は、外国人や日本人自身が日本をどうみるかだけでなく、日本人が外国人をどうみるかにも影響を与えている。タイ人の労働意欲の欠如は日本人の自主性に、タイ人のチームワークのなさは日本人の協調性に、タイ人のジョブ・ホッピングは日本人の会社への忠誠心に、それぞれちょうど対応している。

ミーティング

恩田プラスチックの日本人マネージャーたちは「日本的経営」にこだわっていた。「うちは日本企業だから」、「日本のやり方で」やるのだといつもいっていた。そして「あいつら」を「学校みたいに教育」するのが「指導者」としての日本人の使命だとまじめに考えていた。ところで、彼らのいう日本的経営とは実際のところ、どういうものなのか？

恩田プラスチックでは、毎朝九時からマネージャーだけのミーティングがあり、ここで会社の重要事項が決められることになっている。神田社長をはじめ、日本人全員と、管理部長のダム、各部署から最上位の役職者が出席し、生産計画や進捗状況を確認する。

神田社長が会議室の一番奥の席に着くと、挨拶もなしにミーティングははじまる。庶務課から順に、最初は日本人にわかるように英語か日本語のどちらかで、次にタイ人にわかるようにタイ語で、昨日の実績と今日の予定を報告していく。だいたいいつも、英語や日本語は一〇秒から二〇秒、その訳であるはずのタイ語は三分から五分になった。英語や日本語の報告が短いのは、定型文が書かれたメモをみながら数字だけを入れ替えて報告していることと、日本人マネージャーから深くつっこまれないようにしていることの両方が理由になっていた。

ひとりの報告が終わると、神田社長は隣にいる前山や柴崎にその内容を日本語で確認する。疑問があると、英語でダムにたずねる。するとダムがタイ語で報告者に確認し、社長に英語で答える。社長がそれを日本語に訳し、柴崎や前山とそのことについて相談する。報告者が替わるたびにこれが繰り返される。タイ人マネージャーたちはなにが話されているのかもわからず、自分のほうに矛先が向かわないように祈りながらじっと待つしかなかった。

通訳するとき、ダムは決まって社長が怒りそうな部分を訳さなかった。自分が代わりに叱られるのを恐れているからだ。場合によっては、「ことばが難しくて通訳できません」と丁重に断ったり、「キョウさんおねがいします」といって僕に振ってきたりした。

神田社長はミーティング全体を日本語で仕切る。人の話に割って入り、あからさまに否定し、誤りをただそうとする。声を荒げて問い詰め、みんなの前で糾弾することもある。このミーティングになにかをみんなで話し合うといった雰囲気はまったくない。社長が一方的に工場全体を把握する機会になっているのだ。

組立課のベンが最後に報告を終えると、社長が全員に向かって「なにかある?」と問いかける。みんなに、といっても日本語だから、日本人マネージャーが黙っていれば、ミーティングは解散になる。タイ人マネージャーたちはほっとした表情で早々に会議室を引き上げていく。

ある日のミーティング終了後、ダムが追いかけてきて僕にいった。「神田さんはQC（品質管理運動）を理解しているのだろうか？」

「なんでそんなことを聞くの？」

「会議のときには人の意見を邪魔しちゃいけないはずなのに、神田さんはこれを理解していないと思う。たとえば、朝の会議でベンがなにかいうと、すぐ神田さんが口を挟む。違うという。間違いを直す。みんな恐れてなにもいえない。だれも会議で発言するのが好きじゃない。キョウさん、神田さんにもQCをちゃんと教えてください。我々はいつも会議でなにも話せない。いつも口に絆創膏を貼っていなければならない」。確かに朝のミーティングで実質的になにかが決められるということはなかった。

では、いつどこで会社の意思決定がなされるかというと、日本人だけの非公式な打ち合わせにおいてである。朝のミーティングが終わると、タイ人は全員各部署に戻るが、日本人だけは残ってタバコを吸うことが多い。昼休みにも、食後にタバコを吸いに、日本人だけが会議室に集まってくる。打ち合わせのために集まるわけではない。会議室は二階で唯一の喫煙可能な場所だし、日本の新聞が置いてあるから、休憩をしに集まってくるのだ。このとき、昨夜のカラオケや先週のゴルフなどについておしゃべりしているうちに、いつのまにかそれが仕事の打ち合わせになる。この場にタイ人が居合わせることはないから、彼らが会社の意思決定に参加することもない。どうやら大事なことは日本人だけでこっそり決めてしまうのが、日本的経営ということらしい。

気温が一〇度近くまで下がったある寒い冬の日、鍋が恋しいといったら、前山が夕食に招待してくれた。

駐在員の生活

当時、北部工業団地で働く一四〇人の日本人は、全員チェンマイに住んでいた。チェンマイには外国人向けのコンドミニアム（高級マンション）が数多くあり、日本とそれほど変わらない環境で暮らすことができた。また、有名ブランド品の揃うデパートから、マクドナルドやセブン・イレブン、日本料理屋や日本語書店まであり、日本とほぼ同じものがなんでも手に入った。

前山は旧市街にあるプールつき、守衛つきのコンドミニアムに住んでいた。聞いてみると、2LDKの家賃は、ラーの月給の倍である。もちろん会社の借り上げなので、前山は一銭も払っていない。「このコンドミニアムに日本人は多いけれど、チェンマイには日本人学校がないから、みんな単身赴任なのです」と前山がいった。

彼の部屋は七階にあった。二〇畳はありそうなリビングに、テーブル・セット、ソファ、こたつ、ステレオ、大画面テレビ、マルチ・ビデオと、家具はなんでも揃っている。スピーカーはBOSE社製だ。テレビをつけると、NHKの衛星放送、BBCニュース、F1、プレミアリーグ、MTVなど、僕のみたいものはなんでもみることができた。マイ村でのように、天気でテレビ映りが変わることもなかった。

トイレを借りに浴室へ行った。タイ式ではなく洋式で、便座に肌触りのよいシートがかかっている。本物ではないと思うが、タイルは大理石にみえる。西洋式の大きなバスタブは、足をゆったり伸ばせそうだ。乾季でもシャワーからお湯がちゃんと出た。見覚えのあるシャンプーと洗顔フォームが浴室の隅にちょこんと置いてある。数年前に僕はこれを日本で売っていたんだと思うと、涙がこぼれそうになった。

ある程度予想はしていたけれど、ここまでぜいたくな暮らしをしているとは思わなかった。リビングで前山に「うらやましい」を連発していると、恩田プラスチックのみんなが、めいめい夕食の材料を少しずつもって集まってきた。神田社長以外は全員このコンドミニアムに住んでいる。だれかの部屋でつくったり、近くの日本料理屋へ行ったりして、ほぼ毎日いっしょに夕食をとるという。大半は日本食だそうだ。僕は三年近く日本を離れていたから、鍋を食べるのは本当に久しぶりだった。「やっぱり冬は鍋だ。鍋しかない！」と何度も声に出しながら、僕は腹がはち切れそうになるまで食べた。

食後にミカンを食べながらひと月前の紅白歌合戦をビデオでみた。それからなんとなくカラオケに行くことになった。みんなは週に二、三回は行くという。数年前からチェンマイでもカラオケが流行っており、何軒かには日本の曲と歌詞カードも揃っている。カタコトの日本語をしゃべる女性もいる。だいたいそういう店は「しのぶ」とか、「タイの夜」とか、日本名で看板を出しており、常連客も日本人ばかりらしい。二軒はしごをするうちに、僕は「時の過ぎゆくままに」と「夢をあきらめないで」を歌い、いつになくはしゃいだ。みんなは翌日ゴルフに行く予定があったので、一時頃には部屋に戻って寝ることになった。

僕は大の風呂好きである。翌朝、帰る前にどうしてもあのバスタブに浸かりたいと思った。暑いこともあり、タイでは湯に浸かる習慣がないため、バスタブにお目にかかることはめったにない。このチャンスを逃したら次はいつになるかわからない。一応、昨夜のうちに前山から許可は得てある。主寝室にいる前山はまだ眠っているらしい。物音を立てないように、そっと浴室へ向かった。台所を横切ろうとしたところで、僕は固まった。

台所に女性が立っていった。白いホット・パンツをはいた女性だ。向こうを向いて、サラダをつくっている。こちらの気配で彼女が振り向いた。即座に優しく微笑み、「グッ・モーニン」といった。慌てて僕は「サワディー・クラップ」と返した。せっかく彼女が英語で話しかけてきてくれたのに、なぜか僕からはタイ語が出た。彼女はそれがおかしかったらしく、白い歯がこぼれた。

のちに前山は白いホット・パンツ嬢を「洗濯のお姉さん」だと僕に紹介した。ずいぶんと色っぽい「洗濯のお姉さん」だと思ったけれど、口には出さなかった。前山によれば、単身赴任の駐在員は「洗濯のお姉さん」を雇うのがふつうだという。掃除や洗濯、料理、買い物など、頼めば「なんでも」してくれるそうだ。

この日は日曜日で、みんなはゴルフに出かけていった。月に一回、日本人会主催のゴルフコンペ

写真24　ある日系工場の敷地内にあるナイター設備つきテニスコート。日中は日差しがきついため、テニスをやるなら夕方から夜にかけて

があり、月に一回、そのなかの有志が集まる勉強会があり、月に一回、恩田プラスチックだけのゴルフがある。というわけで、だいたい毎週日曜日はゴルフらしい。山田さんがいった。「ゴルフしか楽しみないもんな。一日まわってキャディつきで六〇〇バーツ（約一八〇〇円）だよ。日本だったら考えられないもんな。最低でも一万円でしょ。飯くって三万円はかかるよな」。

タイ語が不自由でも、日常生活はそれほど困らない。現地社会での交渉やトラブルは「洗濯のお姉さん」やお抱えの運転手になんとかしてもらえる。だけど、ふつうのタイ人と友人になる機会はほとんどない。どうしても日本人どうしだけでゴルフやカラオケに通うことになる。そのほうが安全でもある。いっそ本格的にことばを覚えたらどうかと僕は思うが、そう思う駐在員は少ない。どうせ二、三年で転勤するのだし、転勤になればタイ語は役に立たない。英語と違い、タイ語が流暢でちやほやされることもあまりない。それどころか、下手にタイ語がうまくなって現地で重宝され、日本に戻してもらえなくなったらたいへんだと彼らは考える。

毎日、チェンマイの高級マンションと工場を会社の車で往復し、食事も買い物も、アフター・ファイブや休日も、日本人だけで固まって行動していれば、どれだけ長くタイにいても、一般のタイ社会に触れる機会はない。まわりにいるタイ人といえば、工場の部下、お抱えの運転手、コンドミニアムの守衛、「カラオケのお姉さん」、それに「洗濯のお姉さん」くらいである。彼らはみんなお金で雇った人たちだ。これでは文化を知るにも限界がある。

もちろん彼らは仕事のためにタイに来ているのであり、そのために現地の人びとを利用し、あるいは教育しようとしている。それはわかる。だが、そうした観点からしか接しようとしないことに僕は疑問を覚えた。

ふたつの立場

僕はすでにタイ文化の専門家として、恩田プラスチックでは一目置かれる存在になっていた。自分のほうから働きかけなくても、神田社長や前山、柴崎からタイ人労働者への接し方について意見を求められたし、相談を持ちかけられた。僕は日本人だから、彼らの悩みや不満に共感するのが当

福原敏男（武蔵大学教授）
八反裕太郎（（公財）頴川美術館学芸員）著

祇園祭・花街ねりものの歴史

臨川選書28

江戸後期から、祇園祭において「祇園祭練物」として、遊廓より旧暦五月晦日と六月十八日に、仮装行列が行われていた。現在は中絶しているこの行事に関して、残された膨大な摺物等の資料を分析し、毎回異なる風流を体現していた祇園祭練物文化を考える。後祭の復活が決まった今、もうひとつの知られざる祇園祭について明らかにする、新しい京都文化史である。

■四六判並製・208頁

二、〇〇〇円＋税

ISBN978-4-653-04199-3

信田敏宏 著（国立民族学博物館准教授）

ドリアン王国探訪記

マレーシア先住民の生きる世界

フィールドワーク選書1

オラン・アスリと呼ばれる先住民たちは、経済・文化の潮流にもまれながら、現在どのような生活を営んでいるのか。現地の人々との関係で苦悩し一度は調査地の変更を迫られるなど挫折を経験した著者自身のエピソードを交えつつ、農業開発やイスラーム化といった村の直面している問題と、そのなかで伝統的な人のつながりや儀礼を大切にしながらいきいきと暮らす人々のすがたを、豊富な写真とともにわかりやすく紹介する。

■四六判並製・208頁

二、〇〇〇円＋税

ISBN978-4-653-04231-0

平井京之介 著（国立民族学博物館教授）

微笑みの国の工場

タイで働くということ

フィールドワーク選書2

タイの農村出身の女性たちは、近代的な工場労働にどのように適応し、その結果彼女たちの価値観はどのように変わったのか、あるいは変わっていないのか。逆に日系企業は現地の人々を雇用するなかで、どのように自己の会社文化を守り、または変えていったのか。タイ人・日本人双方の利害のあいだで、そして一会社員としての日常業務と研究者としての調査とのあいだでの試行錯誤の経験を通し、「働く」ということについて考える。

■四六判並製・224頁

二、〇〇〇円＋税

ISBN978-4-653-04232-7

たり前と思われていた。そして、タイ人がなにを考えているのか、なぜあんな行動をするのか、どうやったらうまく管理できるかについて教えて欲しい、いっしょに考えて欲しい、と頼まれた。

　確かに共感できる部分もあった。タイ人労働者たちは自分から進んで仕事をする気がないし、助け合うこともない、どんどん会社を辞めていく、ようにみえる。知識も技術もないくせに、なにか教えてやろうとすれば、その分の特別手当をくれ、くれないなら放っておいて欲しい、という。だからといって、僕は日本人の意見や態度を全面的に支持する気にはなれなくなっていた。場所はタイでも日本企業だから、日本的なやり方でやる。ここまではいいだろう。タイ人のほうでもそれは認めている。とはいえ、やり方があまりに一方的だった。地域の労働市場や雇用慣行を無視し、自主性だ、協調性だ、忠誠心だと叫んでいるだけのようにみえた。タイ人の言い分を聞こうという姿勢はほとんどみられなかった。

　ふたつの立場のあいだを僕は揺れ動いた。どちらがより正しいとはいえない。

　ただひとつはっきりしていることがある。文化の違いを必要以上に強調するタイ人批判は、自分たちは正しいという日本人の意識を強化する。そしてそれは日本人どうしの連帯感を強める一方で、タイ人の文化や考え方を低く評価し、予断と偏見に満ちたまま彼らの意見をますます聞かなくなり、溝を広げることにつながる。日本人は優越感と自信を持ち続け、タイ人は主体的に仕事へ参加しようという気力がますます萎えていく。支配的な立場にある日本人マネージャーがただぼやいているだけでは、事態はなにも改善しない。

（注1）本来、こうした文化的特徴は、終身雇用、年功制、企業別組合といった日本的雇用慣行と一体となったもののはずだが、駐在員が日本的経営を賞賛するとき、話のなかに出てくることはほとんどない。

第九章　みんなの稲刈り

乙女の休日

トントントントン。日曜日の朝、ノックの音で目が覚めた。

「キョウさん。起きた？」

「なに？」僕の声は少し怒っていた。

「魚捕りに行くよ」。ラーの声は弾んでいた。

「どこへ？」

「父の田んぼ。キョウさんが行かないなら、お義姉さんと行っちゃうよ」。

ラーの話はいつも突然である。ラーと魚捕りに行くのは来週のはずだった。ところが、義姉に誘われたので、急に今日行くことにしたらしい。いや、ラーだけではない。村の生活はすべてが突然である。不思議なことに、個人個人はそうして行き当たりばったりに暮らしているようにみえて、だいたい同じときに同じところへみんなが集まってくる。きっと村全体にゆるやかなリズムのようなものがあるのだろう。僕にはそれがわからないから、ただラーについていくだけだ。素早く身支度を済ませると、ラーが用意してくれた長靴を履いて表へ出た。太陽がギラギラと照りつけ、道路は乾いて白くなっている。雨季ももう終わりかもしれないと僕は思った。

歩きはじめてすぐ、一軒の家の前でラーが立ち止まり、中をのぞきこんだ。このあたりでは珍しく、高い竹垣で囲ってある家だった。

「いま、彼らはご飯を食べているところだ」。それきりいってラーはまた歩きはじめた。いっていることの意味がわからなかったけれど、眠くて問いかけるのが面倒だった。

僕らはしばらく無言のまま歩いた。民家が途切れたところで、ラーが続きをいった。「田んぼの水が干上がるとね、魚がたくさん捕れるの。だから魚を捕りに田んぼに入る人がたくさんいるのよ。そうすると、稲を傷つける。さっきの家の人、あの人たちが魚を捕りに来るの。だから見張ってなくちゃならない」。

この家のことは前に聞いたことがある。夫婦はバンコクで小さな工場を興して一度は成功した。数年前にうまくいかなくなり、事業を子どもたちに任せ、独身の末息子だけを連れて戻ってきた。その息子に盗み癖があるというので、近所の人は気をつけている。確かそんな話だった。

水田にはチュアが先に来ていた。チュアはラーのひとつ上の姉で、結婚してこの村にある夫の家に住んでいる。ふだんから早口でぶっきらぼうに話す人だが、僕の前では緊張するのか、それがいっそうひどくなり、怒ったような口調になった。「うちの田んぼにはもう魚がいない。魚がいなければ彼らも田んぼには入らないから、見張らなくてもいい」。それだけいうと、チュアは頭からすっぽりと毛糸の目出し帽をかぶり、よその田んぼへ消えていった。チュアも「彼ら」を警戒して

写真25　マイ村での田植えの風景。中央でポーズをとる男性は畦を整える係だった。通常、田植えをするのは主に女性で、男性は力仕事を任されることが多い

写真26　田植えや稲刈りには10人から15人くらいの労働力が必要になる。労働交換、現物給与、日雇いなどを組み合わせて必要な人数を集めるのは妻の役目だ

いるわけだ。

「この暑いのになんでマスクなんてかぶるの?」

「かゆいのが身体の中に入らないため」。ラーはこういったけれど、正体を隠すためじゃないかと僕は思った。

「僕らは田んぼを監視に来たの？　それとも魚を盗みに来たの?」

ニヤリとしてラーはいった。「魚を捕るのはいいのよ。だいじょうぶ。私たちの魚じゃない。稲は背が高いから、荒らされないように注意するのよ」。

つまり、こういうことらしい。自分の田が荒らされないように見張りながら、他人の田で魚を捕る。村ではみんながそうしている。

結局、僕は小川に少し足をつけただけで、魚捕りには参加しなかった。苦手なヒルがいたからだ。細くて扁平、青白く、繊細な感じのするヒルではない。丸々と太った、どす黒いやつだ。少し足を入れただけで、やつらはどっと押し寄せる。無防備なふくらはぎに吸い付き、チューチュー生き血を吸う。慌てて引きはがしても、もう遅い。後にミミズ腫れが残ることになる。

僕は畦に座り、ラーと義姉が夢中になって魚を捕るのをみていた。飽きると立ち上がり、景色を眺めた。黄金色に波打つ稲穂の向こうになだらかな山がある。チーク材で建てた高床式の民家が麓にあり、庭の上空でヤシの葉がほのかに揺れている。こんなふうにのんびりと過ごすのも悪くない。すぐ近くに巨大な工業団地があって、そこで毎日働いていることが嘘のように感じられた。

太陽が真上に来た頃、義姉がもと来た道をひとりで帰っていった。ラーが僕に「近道して帰ろう」と声をかけた。両側を稲に囲まれた畦の道をラーは軽やかに歩いていく。畦は起伏が激しく、ところどころ壊れやすくなっており、ついていくのがたいへんだった。

しばらくして、開けたところに出た。そこでは稲刈りをしているようだった。ジャージのようなものを着て、麦わら帽子を被り、ほおかぶりして作業をする人たちが二〇メートルくらい先にみえた。ラーが振り返って、いった。「暑いと思ったとき、わたしは同じ日にこの暑さのなかで稲刈りしている人のことを思うようにしているの。そうすると我慢できる。自分のほうがましだと思えるから。稲刈りは本当に暑いのよ」。僕は肯いた。

彼らの近くまで来ると、ラーは大声でなにかをいった。ひとりが手を止め、身体を起こした。帽子を脱ぎ、ほおかぶりを解く。すると、若い女性の真っ白な顔が出てきた。

ピーサマイじゃないか！　一九歳になるラーのメイである。我々と同じく、月曜日から土曜日まで毎日九時間、残業のあるときは一一時間、恩田プラスチックで働いている。その彼女が日曜日に

写真27　鎌を片手にポーズをとる女性工場労働者。これから親戚の水田の稲刈りに行くところ。彼女が着ているのは恩田プラスチックの制服である

村で稲刈りをしているなんて僕は想像もしていなかった。

僕を意識してか、ピーサマイは少しはにかみながらラーと二言三言ことばを交わすと、もう一度ほおかぶりして作業に戻った。彼女が来ている汚れたジャージのようなものが、恩田プラスチックの制服であることに僕はこのときはじめて気づいた。

「なんで工場の制服を着ているの？」

「汚れるから」。なんともいえないラーの答えである。

「彼女は働き者だね」。

「彼らに休みなんてない。会社が休みのときは家で働くのよ」。

「君は稲刈りしなくてもいいの？　怠け者！」いつもからかわれているから、ここぞとばかりに反撃したつもりだった。

「ラーは（稲刈りを）やってない。工業団地で得たお金で人を雇っているから。食事だけ渡して、ラーは会社に行った」。

冗談のつもりだったのに、ラーは真剣に言い訳した。

「ねえ、僕も稲刈りを手伝えないかな。今年はいっしょに稲刈りしない？」僕は前々から「仕事（ンガーン）」に参加してみたいと思っていた。

村で暮らすということは、年齢と性に応じた仕事をすることでもある。稲作作業、儀礼や祝祭の開催、寺院や村道の維持管理などの「仕事」は、村人が信頼関係と連帯感をつくり出しそれを確認する機会になっている。なかでも鍵を握るのが稲作作業における相互扶助だ。これをたぐってゆくことで、北タイ農村の伝統的な仕事観が、ある程度はわかるのではないかと僕は思っていた。(注1)そこに現れる人間関係や微妙な駆け引きには、ただ観察したりインタビューしたりするだけではわからないこと、自分がそこに巻き込まれてはじめてみえるものがあるのではないか。それらが理解できれば、彼らが工場での役割や規則をいかに解釈し、行動しているかを理解するのにも役立つに違いなかった。

仕事の作法

ずいぶん渋っていたラーが、稲刈りをすると突然いい出した。兄から手伝うように頼まれたらしい。「義姉が頼みに来た。頭を下げるのなら、行ってあげてもいい。下げる気がないのなら、絶対に行かない」とラーはいった。なぜけんか腰なのかはよくわからない。とにかく、キョウダイだからといって手伝うのが当然だというのではなく、毎回、頼まれてはじめて協力するという関係がそこにあるようだった。

ラーが続けた。「義姉が心配なの。ラーやチュア姉さん、母もみんな義姉が稲刈りするのをみたことがない。みんな心配している。でも、だれも(彼女に稲刈りを)教えない」。義姉は東北タイ出身で、ラーの兄とバンコクで知り合い結婚し、最近マイ村でラーの両親と同居をはじめたばかりである。若い時分からバンコクに出て働いていたので、農作業などできないかもしれないというのだ。

「だったらなんで教えてあげないの？」

「だれも教えない。少し教えるとすぐ怒る。だから面倒くさい」。

ここが北タイ社会の、とりわけ女性どうしの人間関係のおもしろいところである。母系の女性親族たちは仕事を通じて強く結びついている。基本は母が娘に女性の仕事や道徳を教え込むことにある。姉やオバも、叱ったり諭したり、からかったりしながら、妹やメイを教育する。その結果、母系親族全体で仕事のやり方や道徳意識などとともに、女性としての名誉を共有するようになる(注2)。逆に、同じ母系の親族集団に属さない女性どうしは極端に遠慮し合う。互いの仕事には口を挟まないのがルールだといってもいい。少しでもなにか注意すると、「おまえはわたしの母親のつもりか」、「姉でもないくせに」といい返される。義母や義姉が嫁を叱ると、実家の母が怒鳴り込んでくることもあるという。

翌日、約束の朝八時にラーと水田に行った。モミ殻やワラ屑が入るとかゆいというので、四〇度の炎天下にもかかわらず、僕は長袖、長ズボンだった。シャツの第一ボタンを留め、首にタオルを巻いた。靴下も履いた。これで十二分に息苦しく、じっとしていても汗がにじみ出てきた。他の人たちはさらに顔全体をタオルで包み、シャツの上からセーターまで着ていた。

すでに来ていた数人のなかにはみたことのある顔があった。ラーの兄と義姉がいる。ピーサマイ、彼女の父、それに弟のジョンもいた。この日はチュアも雇われていたのだが、具合が悪いからというので、代わりにジョンをよこした。

ちなみにジョンというのはあだ名である。タイで幼少のときにつけられるあだ名は、ゴップ（カエル）とか、オーイ（さとうきび）といった身の回りのものであることが多い。なぜ西洋人の名前のようなあだ名なのかと僕は聞いたことがある。ラーはいった。「日本人はマッケンローを知らないのか？」ラーはよくこういういい方をする。日本人のくせにこんな有名人も知らないのか、とからかったのである。西洋人のような、ではなく、西洋人から取った名前だったのだ。しかし、歯に衣着せぬ物言いで人気があったサウスポーの米国人天才テニスプレーヤー、ジョン・マッケンローと、この、ずんぐりむっくりした少年とのあいだにどんな関連があるのか僕には見当もつかなかった。ラーもそれは知らないといった。

ピーサマイと彼女の父はアオ・ワンで来ているとラーが教えてくれた。アオは「もらう」、ワンは「一日」という意味で、一日働いてあげる代わりに一日働いてもらう、すなわち労働交換のことだ。数日前にラーの兄夫婦がピーサマイの家で稲刈りを手伝ったので、この日、二人がその分を返しに来たのだった。よく遊びに行くので知っている、ピーサマイの父方のオバ夫婦もいた。彼らはアオ・カオだとラーがいった。カオは「米」のことで、手伝った分、収穫後にそのいくらかを分けてもらう、いわゆる現物給与の取引だ。あとの人はみなハップ・ジャーンで雇われているらしかった。ハップは「受ける」、ジャーンは「雇う」で、いわゆる日雇いのことである。村には日当の相場があり、だれの田で働いても同じ日であればみな同じ報酬をもらうのが慣習だった。ここ数年、若者が工場で働くようになったせいで日当は高騰している。村で稲刈りが集中する時期だと、工場の日当の九割にまで達することもあった。

日雇いにおいて、雇用主が雇用者の仕事ぶりを本来の意味で監視することはない。よほど親しい間柄でもないかぎり、不満があっても直接口には出さないのがエチケットである。雇った人にしっかり働いてもらうために、雇う人のほうがむしろ気を遣う。昼食やおやつ、休憩などを通じて「もてなす」ことで、雇用主は雇用者の「思いやり」を期待する。

ラーがいった。「稲刈りはふつう八時から五時だが、みんな来るのは八時半、一二時から一時間休憩なのに戻ってくるのは一時半。そして五時きっかりに終わって帰る。以前は何時間かかってもその日にやるものはやった。時間もOT（残業）も気にしなかった。(注3) 残りが少しだったら、もう少しやって終わらせてくれるように頼めた。五時半とかに終わるときもあった。最近は（働いてくれる人に）文句をいうと次に来なくなる。雇いたい人はたくさんいるから、雇うときはうまく話し、ちゃんと頼まないと来てくれない」。

お金は介在するけれど、村での日雇いは助け合いの要素を多分に含んでいる。もともと村人どうしが日を替えて雇い合うわけだし、それも親族や親しい隣人など、いつも決まった相手であることがふつうである。だからこそ、それなりの働きぶりが期待できるのだ。

みんなが集まるのを待っているうちに、ラーが作業のやり方を僕に教えてくれた。左手で根元のほうから稲の束をつかみ、右手にもった鎌で下から上に斜めに引き上げるようにして刈る。力を入れすぎてはいけない。お腹が空いたらすぐになにかを口に入れる。疲れたら座って休む。水を飲む。

畦まで来たら休憩する。若い娘が水やお菓子を運んできて、「どうぞご自由に」と声をかけてくれる。他の人たちが仕事をはじめるのに合わせて腰を上げればいい、とラーは説明した。聞いているかぎり簡単そうだった。経験がまったくないとはいえ、稲を刈ることぐらい僕にだってできるだろう。もともと身体を動かすことには自信がある。

八時半に一六人全員が集まった。初対面の人もいたが、みんなラーの親族か隣人のどちらかだった。例の、高い竹垣の家のおばさんもいた。六〇歳は越えているようにみえる。村の中年女性はたいていふくよかで、丸太のような腕をしているものだが、この女性は骨張っていて、手足が異様に長い。背筋をピンと伸ばし、僕よりしゃんと立っている。一番遅れて登場してもまったく悪びれた様子はなく、僕の顔を横目でみて、ニヤリとした。僕は嫌な予感がした。

はじめての稲刈り

座って待っていた僕らは立ち上がり、それぞれ適当に散って、だれがなにをいうでもなく自然に作業をはじめた。僕はラーの近くで刈りたいと思い、彼女を探そうとして立ち上がった。そのとき、いつの間にか隣に来ていた竹垣のおばさんが「早くやれ」といって目の前の稲を指さした。離れたところに立っていたラーが、しかたがないからそこをやって、という顔を僕のほうにした。ピーサマイがなにかいったのだろう、ジョンがさっと僕の隣にやって来た。僕はおばさんとジョンに挟まれて作業をすることになった。

写真28　2メートルくらいの間隔を置いて横に並び、稲を刈りながらジグザグに前へ進んでいく

二メートルくらいの間隔を置いてみんなが横に並んだ。一列目を隣の人との境界まで横に刈ると、今度は二列目を逆方向に刈り、ジグザグに前へ進んでいく。すぐにワラの切り屑や細かい粒子が舞い上がり、霧のようにあたりに立ち込めた。粒子はシャツを軽くすり抜け、汗でぬれた肌にべっとりと貼り付く。指でつまもうとしても無駄だった。僕はかゆさに身をよじる。掻くと、さらにかゆみが増した。

女性が顔全体をタオルで覆うのは日焼け止めだと聞いていた。色黒になって男らしいじゃないかと僕は気にしていなかった。しかし、ここでの日焼けは想像を超えるものだった。なんとなくかゆくて腕をまくってみたら、シャツの上から焼けて赤くなっていた。僕はこの日、半日参加しただけだが、それでも数日して腕の皮がベロッとむけた。

いわれたとおりにやっているつもりだった。なのに、「もっと軽く切れ。力を入れたら疲れるだろ」、「茎の長さが均等になるように切らないと、脱穀のときにたいへんじゃないか」、「刈った後の稲を絶対に踏むな」などと、まわりからやかましく注意された。わかってはいる。こんなに力を入れていたら、一時間ももたないだろう。いろいろ試してはみるのだが、力を入れないと刈れないのだからしかたがない。額から汗がポタポタと流れ落ちていった。

嫌な予感は的中した。隣に呼んでおいて、一番辛辣に僕を批判しているのが竹垣のおばさんだった。先に畦まで到達し、座って休みながら僕にヤジを飛ばしている。いっていることがすべてわかるわけではないが、いい方や、意地悪そうな顔をみれば、親切に励ましているのではないことはわかる。「日本人は使い物にならない」といっているのが聞こえた。僕は使えないのか。いつも工場で日本人マネージャーが「タイ人は使えない」といっているのを思いだし、苦笑した。

日本人の名誉がかかっていると思い、意地になって頑張った。それでも身体はいうことを聞かない。はじめたばかりだというのに、左腕の握力はもうほとんどなくなっていた。右手にマメができかけている。慣れない中腰で、背中も腰もしびれてきた。暑さで頭がもうろうとする。足下がふらつく。ややもすると、鎌で左足を切ってしまいそうになる。とにかく畦までの辛抱だと思い、必死に歯を食いしばった。

やっとの思いで畦までたどり着いた。すると、それまで休みながらヤジを飛ばしていた竹垣のお

写真29　稲刈りの休憩。中央にあるプラスチックの容器に氷入りの飲料水が入っている

ばさんがすっと立ち上がり、次の田を刈りだした。僕はあぜんとして棒立ちになった。休憩は終わりらしい。遅れてきた僕と、巻き添えを食ったジョンはまったく休むことができなかった。

僕はジョンに申し訳なかった。稲に目印はないから、隣り合って刈っている人どうしの境界はあいまいである。厳密にいえば、人によって幅が広かったり狭かったりする。僕が遅い分、ジョンは人の倍の幅を刈っていた。それでも堪えているのは、いやそれどころか、進んで犠牲になっているのは、参加者全員のなかで彼が最年少だということ、彼が水田の持ち主の家族であること、そしてジョンの姉や、オバであるラーと、僕が親密な関係にあることと深く結びついている。協働のあり方に日常生活での人間関係が反映されているの

写真30　刈った稲を集める男性。このあと大きなザルを使って脱穀する

だ。

もうひとつ、気づいたことがあった。確かにジョンが休憩を取れなかったのは僕のせいだ。が、竹垣のおばさんのせいでもあった。おばさんはひとりで先にどんどん刈っていく。僕はずっと後ろにいるから、おばさんは親切に僕の分を残して先に進む。彼女が刈った幅は、どうひいき目にみても、僕よりずっと狭かった。

ラーが僕のところへやって来て、鎌を交換してくれた。新しい鎌は前のよりずっとよく切れた。僕は気を取り直して次の田に進む。ラーか、ピーサマイか、「休んでもいい」、「自分のペースでやりなさい」という声が遠くから聞こえたけれど、僕はむきになってそれらを無視した。すぐにまた頭がぼうっとしてきた。目に入る汗をぬぐいながら、ちどり足で前へ進んだ。危うく鎌で足を切りそうになる。軽い熱射病にでもかかったのだろうか、天と地が一瞬わからなくなった。このままでは危ないと感じつつも、なんとか次の畦までは頑張ろうと思った。

そのうち頭が勝手にマイナスの方向へフル回転しはじめた。僕はだれかに頼まれて稲刈りをやっているわけじゃない。ましてや金をもらって働いているわけじゃない。手伝ってやっているのだ。とやかくいわれる筋合いはないじゃないか。なんで僕がこんな思いをしなければならないのだ。だいたい稲刈りなんかで人の価値は決まらないぞ。こんなことを考えているうちに、目に貼り付いた大粒の汗の向こうにようやく畦がかすんでみえた。

畦までたどり着くと、僕は腕を止めた。腰が痛くて、すぐにはしゃがみ込むこともできなかった。しかしやりきった感はあった。どうだ、という目でみると、竹垣のおばさんがいった。「すごく遅い。役立たず。これじゃ、いつまでも家に帰れない」。僕は無言で立っていた。

なにかを察したのだろう。ラーが慌ててやって来て、「疲れたら休んでいていいよ」と僕にいった。ちょうどそのとき、遠くで作業をしていた見知らぬ女性が僕に向かって叫んだ。「水！　水！」最初は意味がわからなかった。身ぶりから考えると、水をもってこいといっているらしい。でも、なぜそんなことを僕にいうのだ。腹を立てたが、みると僕のすぐ近くにバケツがあった。それでしかたないと思い、愛想笑いをしながらバケツをおばさんの近くまでもっていった。畦道を戻りかけると、そのおばさんがいった。「稲刈りができないんだから、水くらいもってこい」。

僕はぼんやり立っていた。どのくらい立っていたのだろう。みんなが次の作業をはじめても動かなかったので、最初にラーの兄が、それからピーサマイのオジがやって来て、「休んでいないで、もう少し稲刈りをしたらどうだ」とやんわり促したが、僕は黙ったまま動かなかった。なにもかもどうでもよくなっていた。休憩用のテントまで預けていたカメラを取りに行き、そこにいた義姉に鎌を返した。

「疲れたの？」と優しく彼女が聞いた。

「僕に稲刈りはできない。それに、みんなが文句をいうから、いられないよ」。

義姉は複雑な顔で笑った。同情してくれているのが伝わってきた。

ラーにはなにかいっておくべきだと思い、少し戻りかけたが、彼女のほうからこちらへ歩いてきて、僕が口を開く前に「先に帰っていて」といった。帰り際、「写真を撮って日本でみせるんじゃないのか？」とだれかが僕の機嫌を取ろうと声をかけてきたが、もう振り返る気力もなかった。

反省会

家に帰ってみると、まだお昼にもなっていなかった。ひとりでラーの帰りを待った。時間がとても長く感じられた。他にすることもなく、フィールドノートをつけはじめた。僕は嫌なことがあると、よくフィールドノートに愚痴を書いた。いつかこの苦しみをおもしろおかしくなにかに書いてやるぞと思いながら、苦労した経験を皮肉たっぷりに書いていくのである。そうすると、だんだん気分が落ち着いてくるのだった。おそらく自分の経験をノートに書いているうちに客観的に見つめ

写真31　稲刈りの合間に昼食をとる人びと。テントの下は意外と涼しい。バイクには服などを掛けておかないと、熱くて触れなくなる

直すことができ、人類学者である自分を取り戻すのだと思う。

この日はこう書いた。

> わたしはみんなの笑いものになるのが我慢できなかった。わたしはいなくてはならない理由がない。いなくてもよいと思った。ラーの義姉ならなにをいわれても我慢しなければならないだろう。わたしにとって彼らは関係がないのだ。これからずっと彼らとつきあっていくわけではない(注4)。こういう考えが無意識にわたしの行動を導いた。「もう、たくさん。家に帰る」ということによって、わたしは自分を取り戻そうとしたのだ。まるで上司に叱られたことで腹を立て、工場を辞める労働者のように。

いまならこういえる。村人たちは、子どもの頃から親キョウダイや親族にからかわれ、いじめられることを通じて、生きていくうえで必要な技術を身につけ、精神的にも成長していく。彼らはただヤジを飛ばしていたのではなく、僕を教育しようとしていたのだ。この土地に根を下ろしてゆこうとするならば、僕はそれに耐えなければならなかった。

午後二時半頃、ラーがやっと帰ってきた。稲刈りについてしばらくはなにもいわなかった。冷静に状況を判断できるようになっていた僕は、ラーの心遣いで余計に恥ずかしくなり、落ち着かなかった。夕食後のくつろぎの場で、やっと稲刈りの話題が出た。「ラーはこれまで、(自分の代わりに)人を雇って稲刈りをしてもらっていた。会社で一日働いて一三〇バーツ、(稲刈りに)人を雇って一二〇バーツ。会社に行ったほうがずっと楽だもんね」。

僕は深く肯いた。彼女のいうことにしみじみと共感することができた。

(注1) タイ系民族は稲作を生業としてきた。稲作における相互扶助や灌漑の共同管理は村落共同体の基礎であり、稲作の周期に合わせて年中行事をおこない、精霊信仰や儀礼を通じて豊作を祈ってきた。日本語の「ご飯」がそうであるように、タイ語で「食事」を「カオ(米)」という。

(注2) 一九八〇年代までは、この名誉を共有する女性集団を守護する精霊の存在が知られており、信仰も盛んだった。

(注3) OTというのは、オーバー・タイムという英語の略であり、いわゆる残業のことである。一九八〇年代後半まで、マイ村の労働取引には残業という考え方はなかった。工業団地の外資系企業で使われていた概念に慣れた若者が、村の取引に導入したと思われる。

（注4）「これからずっと彼らとつきあっていくわけではない」と僕はフィールドノートに書いた。このセリフは工場でタイ人労働者がよく日本人マネージャーに投げつけるものである。僕はこのとき、その考え方を無意識のうちに自分と村人との関係に適用していた。

第一〇章　エイズとミナマタ

HIV検査

恩田プラスチックでは毎年秋に健康診断があった。尿検査、血液検査、体重測定、問診、血圧測定、X線検査、それにこの年からHIV（エイズ）検査が追加されることになった。ただし、HIV検査は希望者だけで、結果は本人に直接通知されることになっている。「なにごとも経験」だから、僕もこの検査を受けてみることにした。

ひと月ほどして、HIV検査の結果が出たので終業後に残れといわれた。ひとりずつ面談で医師から結果を知らされるという。僕の順番は最後だった。保健室の前の廊下でずいぶんと待たされた。ほとんどの人が複雑な顔をして保健室から出てきたが、なかには入試の合格発表で自分の番号をみつけたかのように、大はしゃぎで出てくる者もあった。逆に、ある女の子は保健室から出てくるなり廊下で泣き崩れた。何人かの同僚が肩を貸し、トイレに引きずって行った。僕は驚いた。感染者がいたことにではなく、泣いたことにだ。ああしてみんなの前で泣けば、感染していることがわかってしまう。

僕の前の女の子は、取り乱す同僚をみて余計に緊張したようだった。健康診断の手伝いをしている庶務課長のジョーが通りかかったので、「もしエイズだったらどうなるの?」と聞いた。僕は自分の緊張を解きほぐそうとしたのだと思う。

「エンド・オブ・ストーリー(一巻の終わり)!」と英語で彼女は答えた。これを聞いて、前の女の子の表情は一段と険しくなった。半分冗談を装いながら、それでもまわりには聞こえないように、「何人エイズが出たの?」と僕はジョーに聞いてみた。会社は答えを知らないはずだし、たとえ知っていても、僕にはいわないだろう、と思っていた。

「名前はわからないけど、八人」。ジョーは平然と答えた。

一九九〇年代はじめといえば、北タイの農村でも感染者がちらほらと出はじめた頃で、人びとのエイズに関する知識はいまよりずっと乏しかった。ゲイや外国人といった特殊な人たちの、乱れた性に絡んだキワモノの病気、という認識がまだ根深かったのである。どうするとうつるのか、どこまでが安全なのかについて、村人の知識はうわさの域を出ていなかった。正体不明であるためにいっそう恐れられ、さまざまな偏見を生み出していた。

周辺の村々では、工業団地で働く女性にエイズ感染者が多いといううわさがあった。『サオ・ニコム(団地娘)』はひとりじゃなくてたくさんの相手と寝ている。飽きるとすぐに他の男に行く。だからエイズになるんだ」などといわれていた。ある医者が村の男性に、「団地で働いている女は結婚する前にエイズ検査を受けさせたほうがよい。団地にはエイズの女がいっぱいいる。だいたい一〇〇いたら五〇がエイズだ」と助言したといううわさもあった。こうしたうわさは、農村で伝統的な生活を続ける人びとが、女性工場労働者の道徳観を容認しがたいと感じていることに根があったと思われる。

順番を待っているうちに、僕はだんだん不安になってきた。当時、僕のエイズに関する知識は、労働者のそれとそれほど変わらなかったのである。歯医者で感染した青年がいるといううわさを聞いたことがあるが、床屋でカミソリを使い回していればうつることがあるのか。ロンドンにいたときに、パーティーで知らない女性からいきなり頬にキスされたことがあるが、キスではうつらないのか。こんなことをあれこれ考えているうちに、僕の番がまわって来た。

「次の人どうぞ」。中に入ると、三〇代半ばの女性が白衣を着て座っていた。女医さんだったことで僕は面食らった。なにもしないうちから恥ずかしくなってきた。

「こんにちは」。僕はタイ語で挨拶した。

「こんにちは。ワッツ・ユア・ネーム？」英語で名前を聞かれた。

「わたしの名前は、キョウ・ヒライです」。

「おや、タイ語を話せるの？　よかったわ。先生はあまり英語が得意じゃないの」。小さく咳をして、それから先生が聞いた。「結婚していますか？」

「まだしていません」

「まだ、ね」。女医さんは微笑した。「最後に性交渉をもったのはいつですか？」

「へっ！」

思いがけない質問だったので、ことばに詰まった。そして頭の中が真っ白になった。真剣に考えようとすればするほど、頭が混乱していった。頭の前頭部で必死に思い出そうとしていたとすると、後頭部では、なんで女医さんはこんなことを僕に聞くのだろう、これは明らかに問題があるときの切り出し方だ、と考えていた。

エアコンが勢いよく唸った。黙って考えていた僕に、女医さんが助け船を出した。「それじゃあ、この三ヵ月間に性交渉をもちましたか？」

「ないない。ぜーんぜんない！」即答した。なぜだかわからないけれど、あったらまずいと感じていた。だから「ない」と答えられたとき、僕は無性に嬉しかった。両手のひらを胸の前で左右に振る、漫画のようなアクションが無意識に出たほどである。

「最後の性交渉のとき、コンドームを使いましたか？」僕はまた途方に暮れた。そして問いの意味を考えた。

僕の返事を待たずに女医さんはおもむろに口を開いた。「ネガティブ（非感染）です」。顔を上げると、女医さんは笑っていた。「性交渉をするときはかならずコンドームをしてください。エイズがたくさんいますからね。気をつけなければいけません」。それから女医さんは、三ヵ月以内に感染していたとしても検査結果にはあらわれないことを説明し、最後にエイズ予防のパンフレットとひと組のコンドームを手渡しながら「グッド・ラック（幸運を祈る）！」といって、いたずらっぽく笑った。

なにがグッド・ラックだ、と思った。結果をなかなかいわず、意味ありげな質問を続け、こちらが慌てているのを楽しんでみていたくせに。しかし考えてみれば、それが目的だったのかもしれない。派手に遊んでいるだろう日本人男性に、灸を据えるつもりだったのだ。

今回、恩田プラスチックで健康診断を受けた二四四人のうち、ＨＩＶ検査を受けたのは一四七人だけだった。男性を中心に、身に覚えのある者の多くは受けなかったらしい。日本人で受けたのは、僕ひとりだけだったようだ。

北タイのミナマタ病

北タイに来てから僕は、「ミナマタを知っているか？」という質問をよく受けた。というのは、当時、工業団地の公害問題が地元メディアの注目を集めており、この問題がミナマタ病と関連づけられて語られていたからである。

騒ぎの発端は、地元の活動家グループが独自に調査をおこない、不可解な死を遂げた一三名の元工場労働者は、鉛中毒によって死亡した可能性が高いと発表したことにあった。それが地元の情報誌に掲載された。記事には、実名、写真入りで、勤務先、病気の経過、死亡日時などが詳しく書かれていた。発疹、ひどい頭痛、発熱、感覚麻痺、けいれん、腹痛、嘔吐、視覚障害、疲労感、食欲減退など、症状はさまざまだった。なかには、血液中に高濃度の鉛が検出されたとか、Ｘ線写真で脳内になんらかの「物質」あるいは「カス」がみつかったと書いてある者もいた。髄膜炎やエイズと医者が診断したケースもあったが、その証拠はないと主張していた。亡くなった労働者はひとりとして会社から補償してもらっていない、と記事は結んでいた。有害物質を扱う日系の電子部品工場に勤めていたことと、死因がはっきりせず急に亡くなったことをのぞくと、一三名のあいだに共通点はないように僕には思えた。

続いて出たいくつかの情報誌の記事はもっと過激だった。ある特集記事は、工業団地近くを流れる河川の水質汚濁と一三名の死を結びつけ、「ランプーンを第二の水俣にするつもりなのか」と批判していた。ほとんどすべてのページに、ドクロのプラカードをもったデモ隊、遺影をもって座り込む被害者団体、ベッドで苦しむ重症の少女など、読者の恐怖心を煽るような水俣病事件関連の写真が載せてあった。一方で、水俣病についてのまともな説明はなかった。

その後、この事件は、「外資系企業で続く謎の死に原因究明が急がれる」、「発展の犠牲者」、「人命より利益優先への警鐘」といった見出しで、全国紙の地方版や一流経済誌、英字新聞などでも取り上げられるようになった。

水俣病とはなにか？　簡単にいうと、工場排水中のメチル水銀に汚染された魚や貝などをたくさん食べたことによって起きたメチル水銀中毒である。体内に入ったメチル水銀が脳などの神経系を冒す。手足のしびれ、震え、耳鳴り、目が見える範囲が狭くなる、などの症状を示し、重症になると死亡する。一九五三年頃から熊本県水俣湾周辺で集団発生した。

一見、北タイの公害問題と水俣病には関連がないようにみえる。じじつ、水俣病は有機水銀による食中毒なのであって、その意味で北タイのものは水俣病ではない。しかし水俣病とは、「水俣病とはなにか」をめぐって起きた社会問題でもあった。(注1)「会社（チッソ株式会社）あっての水俣市」というほどの企業城下町だった「水俣市の病気」であり、地域の階層構造や差別意識が問題の隠蔽と患者の差別を助長した。さらに、自治体、国、企業、市民までもが一体となって、自然環境や労働者の健康より経済成長を優先させる国策を支えていたことが、被害の拡大と解決の遅れをもたらした。

北タイの場合はどうか？　有害物質にたいする労働者の不安が最初にあった。もともと工場労働者のなかには、慣れない仕事や作業環境、職場関係、長時間労働、夜間労働などで、体調を崩す者が少なくなかった。そのうえ頭痛や吐き気をもよおす得体の知れない「腐った臭い（化学薬品や鉛の臭い）」に長時間さらされているのだから、身体が心配になるのは当然だった。

こうした彼女たちの不安が活動家によって日本企業の搾取にたいする不満と結びつけられた。地元情報誌が書いている。「タイにおいて日本の生活様式、文化、教育はしっかりと根を下ろし、タイの政治や経済においても強固な地位を築いている。我々は日本のいうことを聞き、奴隷のように働かなければならない。具合が悪くなったり、死んでしまったりするまで働かされる。ランプーンの工業団地の若い女の子のように。（中略）日本は我々を助けるために来ているのか、それとも支配するために来ているのか！」

おそらく活動家たちは日本企業だけを批判しようとしたのではない。その目立った存在ゆえに、格好の攻撃目標として利用したのだろう。地元の自然環境や人びとの健康を犠牲にする社会発展のあり方、あるいはそこから莫大な利益を得ている一部の政治家、地方政府、さらには国家をも間接的に批判していたと思われる。(注2)

危険なにおい

恩田プラスチックの香港工場にあった塗装工程がタイ工場へ移管されることになった。塗装工程にはシンナーが使われる。タイ工場で労働者の健康を損ねる可能性のある化学物質を扱うのははじめてだった。

タイでは、ある特定の部署に採用した従業員を、他の部署に転属させることは難しい。ほぼ不可能といってもいい。なので、塗装工程をはじめるにあたって、恩田プラスチックは新たに従業員を採用した。シンナーにアレルギーがないか、悪臭に耐えられるかを面接で確認し、そのうえで採用したのだが、それでも作業がはじまると次々に騒ぎが起こった。

当初、塗装室では、少しでも臭いを拡散させるために、現場の判断で、窓や扉を全開にしていた。しかししばらくして社長が閉めさせた。ゴミや虫が製品に付着するからだった。すると強烈な臭いが充満し、気分の悪くなる作業員が続出した。かなりの者が頭痛やのどの痛み、吐き気などを訴えた。顔にブツブツができたり、腕にジンマシンができたりする者もいた。たいていは少し休むと回復するのだが、嘔吐を繰り返し、救急車で病院に運ばれる者もいた。毎日、一人二人と辞めていっ

写真32　恩田プラスチックで塗装をする作業員。僕もやってみたことがあるが、かなりシンナーの臭いがきつかった

た。そして一ヵ月も経たないうちに、採用した者の半数近くが去った。新たに募集したが、「人形の塗装をしている会社は危険だよ」といううわさが周辺の村々で広まっており、うまく人が集まらなかった。

神田社長は大型空調設備の設置を本社に要請したが、一千万円もかかるため、許可を得られなかった。たまたま出張で訪れた本社の役員に、神田社長は不満をぶつけた。「他の日系企業さんは火のないところに煙を立てられている。うちは火も煙もたっているのに幸いだれも騒がない。この工業団地にもバンコクから厚生省や労働局なんかが視察に来てる。うちは幸いそういう検査の対象から外れているから助かっている。日本サイドからすれば一千万円どっから出るんだということなんでしょうけど、こっちでは対外的に危ない。もし新聞にでも騒がれて視察に入られたら営業停止にもなりかねない。他の日系企業ではエイズや白血病で死んだ一三人を鉛公害で死んだと騒ぎ立てられてる」。これは社長の杞憂ではなかった。鉛公害にたいして抗議活動をしているグループと実際に連絡を取る者が、恩田プラスチックにいることを僕は知っていた。

そんなある日、工業団地局が恩田プラスチックへ査察に入った。突然だった。偶然だろうか、神田社長はその日バンコクへ出張中だった。管理部長のダムは、塗装室の窓や扉を全開にし、慌てて買ってきた巨大な扇風機二台を置いてその場しのぎをした。査察官の三名は庶務課長ジョーの案内でひととおり工場内をみてまわり、小さな測定器でなにかの濃度を測っていた。従業員からの事情聴取はなかった。シンナーの法定基準濃度が二〇〇PPMなのにたいし、結果は二〇PPMで、査察官は問題なしと結論づけた。

翌週、工場の掲示板に文書が貼り出された。「我々は嬉しい。会社の中を見回しても危険がない。工業団地局が来て会社を検査したが、なにも危険はないといった。塗装の部屋でも健康にはなんの問題もないとわかった」。

組立課の班長たちが集まってこれを読んでいた。「こんなのだれも信じない。ジョーのしわざだろう。我々はバカじゃない」とラーがいった。プーもこれに同調した。「どうして会社は嘘をつくのか。我々は水牛（愚か）じゃない」。ジャンの次の一言には信憑性があった。「わたしのオジは工業団地局で役職に就いている。オジによると、恩田プラスチックの立ち入り検査で危険な物質が二種類みつかった。でも、会社は労働者にいわないでほしいと工業団地局に頼んだんだって」。

僕はタイで何人かの日本人経営者をインタビューしたことがある。彼らは一様に、「タイの法を守っていく」と誇らしげに語っていた。もちろん当たり前のことだ。しかしこの当たり前のことが、ときには危うく聞こえる。タイの法的規制は日本のそれに比べて緩い。だから問題が起きたとしても、それはタイの法律や政府が悪いのであって、我々が悪いのではない、といっているようにもとれる。政府が許しさえすればなにをしてもよい、ということにならないか。

水俣病を取材した『写真集水俣』（ユージン&アイリーン・スミス）に次のような印象的なキャプションがあった。「法律的に確定されなければ公害は犯罪ではないという道徳観こそ公害を起こす道徳観だ」。

隠喩としての病

僕はどうしても例の一三人の遺族にインタビューしてみたかった。本当に工場の有害物質が原因で死んだのかどうか、自分で確かめたかった。ラーは、つてを頼って情報を集め、やっとのことで、マーという女性の母親と会う約束を取り付けてきてくれた。以下はその母親の話である。

マーは二九歳で、東京モーターで三年働いていた。モーターをつくる工程全体を管理する班長だったから、ずっと鉛の前で作業をしていたわけではない。はじめの二年間はなんともなかった。二年経って、頭が痛い、吐き気がする、といって会社を休んだ。近くの病院へ行ったが、医者は薬を飲めばなんともない、まだ働ける、といった。それでもよくならなかったので、二週間、家で休んだ。そのうちに字が書けなくなり、(身体の)右半分が麻痺してなにも感じなくなった。チェンマイのセントポール病院に入院した。X線を撮ると、頭の中に鉛が入っている疑いがあるといわれた。四日間病院にいて、手術をするように勧められたが、手術をすると右半身不随のままだといわれ、家へ連れて帰った。病状はさらに悪化した。それでチェンマイのブッタタンマ病院に入院した。一七日間そこにいた。セントポール病院と同じ診断だった。薬を飲ませていたが、話せなくなり、のどが痛くてなにも食べられなくなった。もう一度家へ連れ帰った。一ヵ月くらい家で薬を飲ませていたが、悪化する一方で、とうとう死んだ。死後、医者は遺体を特に調べなかった。役所には頭が痛くて死んだと届け出た。

東京モーターはマーの病気のことを知っていたが、会社を辞めているので関係ないとした。マー

写真33　工業団地周辺にある労働者向けアパート。地方からやってきた労働者が住んでいる。ひとり暮らしで親の監視がないために、自由奔放な生活をする者も少なくない

がまだ生きていたときに、新聞社が取材に来た。記事になり、それを読んだ社会保険庁の人がやって来た。その人は、マーが会社を辞めてから六ヵ月経っていないうちに起きたことなので、会社から補償を受けられるはずだといった。東京モーターは関係ないといって、一度も来なかった。葬式にも来なかった。知らぬふりをした。

「都市では遊ぶことと、お金のことしか、みんな考えていない。信じられない。田舎では思いやりがある。だれが信じられるか、自分で聞いてまわって、それで判断して欲しい」。彼女はこういうと、首に巻いたタオルで涙を拭い、まっすぐに僕をみた。

「本当に傷ついた。頼むから日本に戻ってみんなにこの話をしておくれ。ＮＨＫを呼んできておくれ。まったく補償してもら

えず、母（わたし）は毎日苦労している。日本人のマネージャーは娘の話を知っているはずだ。いずれにせよ、知っていなければならないはずだ。ねえ、そうでしょう？」真っ赤に腫れた目を彼女は何度もタオルでこすった。僕は聞きながらこらえきれなくなり、ふやけてしまうほどフィールドノートの上に涙を落とした。

「他の人を娘と同じような目に遭わせたくない。あなたは日本人でしょう。この話を聞いてどうするつもり？　娘が死んだとき、社会保険庁に連絡した。会社に掛け合ってくれと。だけど、名簿にマーの名前がないといって、取り合ってくれなかった。彼女は保険証をもっていた。毎月お金も払っていた。（中略）母は以前、市場で牛を売っていた。しかし、いまはもう止めてしまった。やる気が出ない。毎日、娘のことばかり考えている。タイ人は信用できない」。

お宅を辞するとき、僕はできるかぎり力になると約束した。

「東京モーターの人に会ったらマーのことを聞いてみる、ＮＨＫに知り合いもいるから、取材に来るように頼んでみる、そのときは僕が案内するから、今日聞いた話をもう一度してくれるか」と聞くと、母は小さく肯いた。

それから半年後、ラーがマーに関する新情報を入手してきた。「インタビューしたとき、労働者（マー）の話しかしなかったけれど、本当は彼女の夫も息子も死んでいた。（中略）田中電気で働いていた夫が最初に死んだ。次に二歳の息子が、最後に妻が死んだ。しかも、女の葬式のとき、医者が『遺体の水浴び』をさせなかった」。

この情報はなにを意味するだろうか。違う会社に勤める夫が妻と同じく鉛中毒の犠牲になったとは考えにくい。ましてや鉛が息子にうつるわけがない。短期間のうちに家族三人が次々に亡くなったことを考えると、伝染性の病気である可能性が高い。遺体の水浴びとは、ココナッツを入れた水で火葬前に遺体を清める北タイの伝統的な儀式である。エイズを含め、伝染性の病気でなくなった人の場合には、これをおこなうことを医者が許可しない。逆にいうと、葬式があったときに、水浴びをせずに遺体を布でくるんでしまうと、エイズで亡くなった可能性が高いと参列者が考えることになる。

「これって」と、僕はいった。「エイズってことじゃないの？」

「たぶん」とラーがいった。

僕はマーの母が嘘をついたとは考えていない。補償金ほしさにあんなことをいったとも思わない。娘はエイズになるような乱れた生活はしていなかった。日本企業の搾取に遭い、彼らの犠牲になった。政府や病院もグルに違いない。そういう母の強い思いが、活動家やマスコミの作り上げる公害病の神話に取り込まれていったのだと思う。

（注1）ここでの水俣病についての見解は、僕の個人的なものである。興味のある方は、石牟礼道子『苦界浄土』、原田正純『水俣病』、宮澤信雄『水俣病事件四十年』などを参照して欲しい。

（注2）死亡した一三名のなかには韓国企業で働いていた者もいたのだが、そのことは無視されていた。

第一一章　不思議な体験

霊媒占い

タイでしばらく暮らしていると、ピーの話を聞かずに過ごすことは難しい。ピーは不思議な存在で、ふだん姿をみることはできないが、人びとの生活にさまざまな影響を与えているという。いわゆる神霊や精霊、幽霊などのことだ。ピーは人によいことも悪いこともする。ただし、ある出来事が本当にピーのしわざかどうかはタイの人たちにもよくわからない。そんなときに頼りにするのが霊媒である。霊媒は、カミや死者の霊を体に乗り移らせて、お告げや思いを伝える役目をする。

ラーの友人たちのあいだで霊媒のことが話題になり、その存在を信じるかとたずねられたとき、「一度もみたことがないので信じられない」と僕は答えた。するとナタポンが、「百聞は一見にしかずだから、いっしょにみに行こう」と誘った。その次の日曜日、僕はラーとともにナタポンの村にある霊媒師の家を訪れることになった。

その家は工業団地に近い街道沿いの商店の裏手にあった。中に入ると、先に来た顧客らしい若い女性二人が座っていたが、霊媒師の姿はみえなかった。一二畳くらいの部屋で、中央奥に祭壇がある。その横に仏像やら象牙やら骸骨やらが雑然と並んでおり、神秘的な雰囲気を醸し出していた。

しばらくして、中年の女性が一人横から部屋に入ってきた。どうやらこの人が霊媒師のようだが、みたところふつうのおばさんである。特に変わった格好をしているわけでもない。水浴びをしていたといい、上座に腰を下ろした。ロウソクや線香に火を付け、前にいる二人と世間話をはじめた。どこから来たとか、どこで働いているとか、そういった話である。そのうち、おばさんは繰り返しあくびをするようになった。そして突然、体内からなにかを吐き出すような動作をした。とても苦しそうだった。同様の動きを四回ほどした後で、急に静かになり、そのままじっと動かなくなった。僕らはみな黙り込んでいた。やがておばさんがモゾモゾ動きはじめたかと思うと、着ている服の上からキラキラした紫色の忍者のような衣装を身につけ、前にいるふたりの女性の相談に応じはじめた。声や口調が別人のものに変わっていた。

後からラーに聞いた話である。最初におばさんがしたあくびは体の変化の兆候で、その後、静かになったときに、体からおばさんの霊が抜けた。次に話しだしたときにはもうおばさんではなく、彼女の守護霊だった。その守護霊は中部タイ出身の男性の神だったので、おばさんは男性のような声で中部タイ語を話した。霊媒は肉体を貸しているだけで、占いをするのは守護霊である。だから、憑依状態のあいだにいったりしたりしたことについて、おばさんにはいっさい責任がない。

やがて僕らの番がきた。ラーはまず、白い花と線香、ポップライスを白い紙で包んだものと、一二バーツの現金を守護霊に捧げた。それから夫ノイとの仲がうまくいかない理由をたずねた。守護霊はいった。「ノイはいい人で、彼に問題はまったくない。うまくいかないのは、ラーが気

写真34　儀礼をおこなう霊媒。霊媒の多くは女性で、男性の守護霊が憑依するというケースが多いのだが、この有名な霊媒は男性だった

分屋で、すねてばかりいるからだ。相手に気に入られるように心がけていない」。

ナタポンが口を挟む。「ラー姉さんは気が強くて、弱いところがまったくないんです」。

「子どもの頃から親に愛されなかったから強くなった」とラーが認める。

ナタポンが続ける。「気が強いのは姉さんのいいところでもある。だけど、もう少しやさしくすれば、問題を避けられるんじゃないでしょうか」。

「そうである」と守護霊はナタポンに賛成した。

ラーは思い詰めた表情で守護霊に聞いた。「このままいっしょに住むのと別れるのとどっちがいいでしょうか?」

「もし別れたら、子どもがかわいそうだ。彼に好きなようにさせてあげなさい。でも、毎日こんな状態を続けていたら、一年もしないうちに別れることになるだろう。別れて、一人で子どもを育てることになったら、とても苦労するにちがいない」。

ラーがもう一度確認する。「別れた方がよいのでしょうか？」

「いまは上から答えがない。……彼が気に入るように（自分を）変えなければ、ノイは新しい女をつくるかもしれない」。

「どうしていい。気にしない」。

「どうして？　新しい男でもできたのか？」

「そんなこと、まだ考えたこともありません。……わたしのなにが悪いんでしょうか？　毎日、一所懸命働いています。ご飯つくって、掃除して、仕事もちゃんとしている。すべてをきちんとやっている。無駄遣いしたり、遊びに行ったりはしてない。酒も飲まないし、カラオケに行ったこともない。これでも、もし彼が満足しないんだったら、もうどうでもいい」。

守護霊がラーに諭す。「とにかく、おまえは夫といっしょにいて、もっと会話をしなさい」。

ラーの相談はこれで終わりだった。その後、ナタポンが自分は金持ちになれるかと守護霊に聞いた。金持ちになれるに違いないといわれ、ナタポンは上機嫌だった。

帰り道、ナタポンが僕に聞いた。「ほらね。キョウさん、すごかったでしょ。信じる？　どうして守護霊はナタポンがお金が欲しいということがわかったの？　キョウさんが外国から来たということがわかったの？　ねえ、信じるでしょう？」。

じじつ、ナタポンがたずねる前に、守護霊は「あなたは自分が貧乏であることに悩んでおり、金持ちになれるかどうかを聞きたいのでしょう」といい当てた。相談のあいだ、僕は守護霊からなるべくみえないようにラーの後ろで体を丸めて隠れるように座っていたのだが、途中で僕の存在に気づいた守護霊が、「その男の人は外国人か」とラーに聞いた。

しかし、守護霊の能力を僕はまったく信用していなかった。霊媒師はナタポンと同じ村に住んでいる。そしてナタポンがこの霊媒師を訪れたのははじめてではない。だから、霊媒師がナタポンの悩みを知っていたとしても不思議はなかった。僕が工場の作業服を着ているときには中国系タイ人と間違われることはある。でも、この日は私服だったので、ふつうの村人にはみえなかったに違いない。しかも、ラーとナタポンはときおり守護霊のことばが理解できたかどうかを僕に小声で確認していたから、僕にことばの不自由があることは霊媒師にも知れただろう。ちょっと注意していれば外国人だと容易に推測できたはずである。僕はこう思っていたが、得意気な顔をしているナタポンと議論する気になれず、「うん」と生返事をした。

僕はラーが守護霊の託宣をどれくらい信じたのかを知りたくて、ナタポンと分かれてから単刀直入に聞いてみた。

「守護霊はわたしがどうすべきかを知っているけど、話さないんだと思う」とラーはいった。

つまり彼女によれば、守護霊はラーが夫と別れた方がよいとわかっているのだけれど、ラーのために、わざとそのことはいわなかった、というのである。ずいぶんと都合のよい解釈だが、もともとこれがラーが求めていた答えだったのだろうと僕は思った。

「霊のいうことを信じるの」ともう一度たずねると、「少ししか信じない。でも、少しは信じる」とラーは答えた。

僕は霊媒という現象をどう理解すればよいのかよくわからなかった。現地の人びとと同じように、いったんは当たり前のこととして信じてみる。調査がさらに進み、彼らの世界観に対する理解が深まれば、現実的なものとして受け入れることができるようになるかもしれない。そのうえでそれが比喩的に語るものを把握するように努めるべきだろう。だからまずは分析しようとせずにまるごと受け入れよう。そういう態度こそが人類学者らしいに違いない。こう頭で考えていたのだが、実際に霊媒に会うと、どうしても僕はあら探ししてしまうのだった。わずかな手がかりからどうやって依頼人について知ろうとしているか、依頼人の微妙な反応からいかに臨機応変に対応を変えているか、そうしたことばかりが気になってしかたがなかった。

都市の霊媒

北タイの農村には以前から霊媒カルトが広く存在する。ランプーン周辺の村々にはたいてい一人か二人の霊媒師がおり、病気や災難、結婚などの相談に応じていた。この伝統的なタイプのカルトは一九七〇年代以降の都市化のなかで急速に人気を失っていったが、その一方で都市周辺では新しいタイプの霊媒カルトが成長してきた。都市住民や都市通勤者を相手に、都市的な生活のなかで生まれる新たな欲求や不安に対し助言をおこなう霊媒師たちが、多くの顧客を獲得するようになったのである。このことは僕も文献であらかじめ読んでいて知っていた。だが、現地に来るまで僕の調査対象である工場労働者が霊媒カルトを利用するとは真剣に考えたことがなかった。実際には、一九九〇年以降、工場労働者はランプーン周辺の霊媒師の主要な顧客になっていた。彼女たちの多くは工場で働き出してから職場の友人と霊媒に通うようになったのであり、相談の内容はほとんどが工場労働によって生じた新たな欲求や不安などに関連したものだった。自由な恋愛や自らの意思による結婚の可能性、職場の同僚との緊張関係、個人的成功の機会や願望の拡大に遭遇してはじめて彼女たちは霊媒のところへ相談に行くようになったのである。

では、霊媒によるお告げとはどのようなものか。霊媒から聞いた話を総合すると、だいたい次のようなことらしい。守護霊は霊媒の肉体を離れて瞬時のうちに天界や人間界を飛び回り、依頼人の悩みの原因や願いをかなえる方法を見つけ出し、もう一度霊媒師の肉体に戻ってくる。その間、天界では神々やピーの様子を調べたり、彼らと会話したりする。あるいは人間界で家族や友人の行動を調べたり、気持ちを確かめたりする。こうして守護霊は、ふつうの人間にはわからない、隠れた事実を探り出すことができるという。

霊媒が語る物語はこのように荒唐無稽だが、お告げの内容は意外にもほとんどが実際的なものだった。たとえば、我々の前に相談に来ていた、ケバくて粗暴な感じのする二人の若い女性は、どちらも好きな男性に振り向いてもらえない理由を霊に聞いたのだが、お告げはそれぞれ、「おまえ

写真35　結婚式の記念写真。中央の新郎新婦をはじめ、新婚夫婦のベッドの上に座っているのは全員が恩田プラスチックの作業員

が自分勝手だからだ。もっと男に優しく接しなさい」というのと、「おまえは厚化粧をしすぎる。言葉遣いも乱暴だ。彼のことが好きなら、言葉遣いに気をつけろ」というものだった。あまりに的を射たものだったので、ラーと僕はおかしくて声を立てないようにするのに苦労したくらいである。金持ちになりたいというナタポンの相談には、「金持ちになりたければ、一所懸命に働きなさい」というのが助言だった。こんな感じで、根拠はともかく、お告げのほとんどはきわめて理に適ったものだった。工場労働者の事情に通じ、彼女たちの悩みや不安を深く理解したうえでの助言である。

僕の葬式

それからしばらくしたある日のことである。

写真36　村人の寄進にたいして僧が読経で応えているところ

ラーが山寺へ運勢を占ってもらいに行くというので、同行することにした。占いが終わって帰ろうとしたとき、僧がラーを呼び止めて僕の誕生日を聞いた。ラーが答えると、今度は僕の年齢を聞いた。それには僕が答えると、僧は妙なことを突然いい出した。

「(おまえは) キョウという名なのか。比丘はキョウの顔をはじめてみたときから、心が痛んでおる。キョウの運勢はよくない。体の調子がよくないいんじゃないか。一一月になったら、もっと悪化するだろう。ちょうど今、悪い運勢がはじまったところだ。気をつけなさい」。

慌ててラーが聞く。「どうしたらいいいんでしょうか?」

「助けたいなら、砂塔作りという特別な儀礼をしなさい。……これをすると、運勢がよくなる。以前、夫婦で比丘のところへたずねてきた者があった。夫の方がキョウと同じように、これから運勢がすごく悪くなるところだった。ところが、夫はこの話を信じなかった。比丘は占い師として一流というわけではないが、少しならわかるので、助けることができたのだが。五日後、その夫は交通事故に遭い、相手の方が死んだ。夫が慌てて比丘のところへ来たので、特別の儀礼をしてやった。……キョウは顔色がよくない。物事を考えすぎる。家を恋しく思っているのじゃないか」。

黙って話を聞きながら、僕は僧に腹を立てていた。聞いてもいないのに、縁起の悪いことをいって、儀礼をするように迫っている。そうやって布施を得ようとしているのに違いない。これでは一種の霊感商法じゃないか。この僧はラーに対しても、運勢がどん底を越したところだから儀礼をしなさい、と勧めていたのだ。僕は「出直してきます」というあいまいな返事をして、ラーと寺を出た。二度とこの寺に来るもんかと心に決めていた。

ところが、である。それから三日後、僕は砂塔作りの儀礼をしてもらうために寺にいた。僕はラーに、「あんな僧のいうことは信じない、儀礼など必要ない」と断言していた。だが、彼女はどうしても納得しなかった。「タイの神秘的な力は外国人には効力がない」という僕がよく使う方便も、今回は聞き入れてくれなかった。ラーは折に触れて儀礼をするように僕に懇願してきた。それはもう本気で僕のことが心配で心配でしかたがない、という風だった。いわれているうちに、だんだん僕の方でも、儀礼をしておかないと何か悪いことが起きるような気がしてきた。このまま意固地になっていると、心配してくれるラーに悪いとも思うようになった。「そこまでラーが真剣に勧めるのなら、考えてみてもいいけど」とうっかり口を滑らせたら、翌日にはラーが寺に行って段取りをつけてきた。ただし、僕はせめてもの抵抗として、あの僧だけは絶対に嫌だといったので、ラーが予約したのは近くにある別の寺だった。

境内にはすでに儀礼用の大きな砂の塔がひとつ作られていた。てっぺんに人間の姿を象った白い紙の旗と、ロウソク二本、花束四本が立ててあった。そのまわりに小さい砂塔が三〇基あり、それぞれに小さい白い旗が立っていた。僕は訳もわからずに座らされた。そして僧が読むパーリ語の経を黙って聞いた。あとで僧に解説してもらったところでは、小さい旗は僕の人生の一年、大きい旗は神様だという。僕は人生においてさまざまな寺へ行き、帰りに砂や土を足の裏につけて持ち帰った。他にも、砂のように数え切れない罪を犯したはずである。それらの罪を僕の身体から出して、神に引き取ってもらうことをこの儀礼は意味するという。大きな砂の塔は来年の僕で、それを神が守護してくれるように願うのだそうだ。

砂塔作りの儀礼だけで終わりだと思っていたら、「生きたまま葬る儀礼」が続けておこなわれた。僕は仰向けに寝かせられ、全身に白い布を被せられた。その布を、僧が経を唱えながら、時間をかけて上の方から少しずつはいでいく。これは僕が一度死んだことを意味する。運の悪いキョウは死んだので、今後はもう問題はない、というのである。これまで多く儀礼を観察してきたが、自分が主役になるのははじめてだった。僧は余計なことをいわず、淡々と儀礼を進めていった。ラーは真剣な顔で見守っていた。仰向けにされたときは、変なことにつきあわされることになったと、正直、照れていた僕だったが、だんだん緊張してきて、掛けられた布がはぎ取られていくうちに、なんとなくすがすがしい気持ちになってきた。不思議なものである。儀礼が終わり、立ち上がったときには、本当に身が軽くなったと感じられた。

さらに場所を移して、長命の儀礼がおこなわれた。僕はもうすぐ三〇歳の厄年になる。死を確実に避けたいならば、この儀礼も欠かせない、と僧はいった。僧はタケ三本を組んだ儀礼用具の下に僕を座らせ、経を唱えながら、僕の両手首に聖糸をまき付け、頭に聖水を振りかけた。これで僕の体のなかの悪い運を追い出すことができるという。このとき僧が読んだ経にはタイ語の部分が含まれていたので、さまざまな災厄を数多く挙げて、それらから逃れられますようにと願っているのを聞き取ることができた。聞いているうちに、だんだん僕も、もうこれで大丈夫かもしれないという気持ちになってきた。

お寺で儀礼をしてもらったときには、お布施というかたちで僧に礼をする。このとき、「いくらですか」と聞くのはタブーである。聞いたとしても、「あなたの気持ちを示せばよい」といわれるだけだ。ただし、相場のようなものはちゃんとあり、村人はみなそれを知っている。僕はラーに聞いた。

「百バーツ」。

ほぼ工場労働者の日給と同じ額だった。少しもったいないとは思ったけれど、僕は百バーツをお布施した。

写真37　長命の儀礼。これは新築祝いの儀礼の際におこなわれたもの。儀礼用具の下に座る夫婦はこの新しい家の所有者。僧を数多く呼べば呼ぶほど盛大な儀礼とみなされる

写真38　マイ村の近くにある仏教寺院。ここで僕は砂塔作りの儀礼をしてもらった

口寄せ

調査も残すところあと二ヵ月となった、タイのお盆に近いある日曜日の朝、ラーが寝ている僕を起こし、「ネーと話しに行こう」と誘った。ネーは、少し前にバイク事故で亡くなった彼女のハトコである。眠かったこともあり、はじめはラーが何をいっているのかわからなかった。そのうちに「霊媒師」という単語が耳に入った。一気に目が覚めて、よく聞くと、霊媒師が死者の霊を自身の体に乗り移らせ、死者のことばを伝える、いわゆる「口寄せ」に会いに行くらしい。僕はすぐに着替えて、ピックアップトラックの荷台に乗った。ラーの親族十数人といっしょだった。

二〇畳くらいのその小屋は、ふつうの民家の庭に建っていた。中に入ると、四〇歳くらいの女性霊媒師が一人で座っていた。僕らは、上座にいる彼女を取り囲むようにして床に腰を下ろした。霊媒師はまず線香四本に火を付け、合掌し、それから僕らにどこから来たかと聞いた。その後しばらくは世間話が続いた。

僕がおそるおそる写真を撮ってよいかと霊媒師にたずねると、即座に断られた。「写真を撮って何の意味がある。死んだ彼はわたしの中に入るが、外を撮っても写るのはわたしである」。

それからまた少し世間話が続いた後で、突然、守護霊が霊媒師に憑依した。ネーが怖がって出てこないので、代わりに霊媒師の守護霊が降りたのだという。「ネーをもう一度呼んでくる」といい残して、守護霊はすぐに去った。ふつうに戻った霊媒師は、死者の呼び出しは一回目は八バーツだが、二回目は四二バーツ五〇サタンになると独り言のようにつぶやいた。それから、今年は火曜日と水曜日と金曜日生まれの人は運が悪いといい、悪運を祓うロウソクを僕らに売りつけようとした。何人かが買い求めると、霊媒師は満足し、今度は自分の子どもの話をはじめた。寝不足だった僕がウトウトし出したとき、話の途中だった霊媒師が急にでんぐり返しを打ち、そのまま伸びて動かなくなった。後でラーに聞いたのだが、これが事故に遭ったときのネーの転び方なのだという。それまで静かに話を聞いていた一行がいっせいにそばに駆け寄り、口々にネーの名を呼んだ。ネーは目を覚ますが、事故に遭ったせいで動けなかった。

ネーはまず、側にいた人に何かを頼んだ。かすれ声だったので、後方からのぞき込んでいる僕にははっきり聞き取れなかった。だが、数人の親族が百バーツ紙幣をネーに渡しているのがみえた。次にネーの姉が、もってきた服をネーにみせ、自分の服を選べといった。これで憑依したのが本人かどうかを確かめるらしい。ネーは正しく服を選び、自分の体に当てた。父親らしき人が、「母さんはどこにいる」、「恋人はどこにいる」と次々にたずねた。来ているみんながわかるかどうかを試しているのだ。うまく当てるたびにネーは「会いたかった」といい、みんなの泣き声を一段と大きくさせた。

「兄さんはどこにいる」と聞かれたとき、ネーはまず僕に手をさしのべて、「兄さん」といった。一瞬目が合った。僕がどぎまぎしていると、ネーはとっさに別の男性の方へ手をわずかにずらした。そうして三人目くらいでようやく本当の兄さんを捜し当てた。

憑依したのがネーであることを確認する作業が一通り終わると、一行は持参した好物をネーに与えた。ネーはそれをうれしそうに食べながら、事故の状況を語りはじめた。「(自分の)バイクの前に車を運転している人がいた。前をよくみていたけど、その車に気づかなかった。ブレーキを踏んだけど、ぶつかった。今は頭が痛いし、足も痛い。全身が痛い」。親族はみな涙をためてうんうんと肯いている。

ネーはおもむろに歌を歌った。「ネーという名の人は、もうーいなーいー」。一〇年くらい前の流行歌で、名前のところをネーに替えてある。泣き声の大合唱が起きた。

誰かが、「お布施をするから家に遊びに来てくれるか」とネーにたずねた。ネーは、「いまは死んでしまったけれど、まだどこにも行っていません。僕のためにお布施をしてください。五百バーツで守護霊を雇って、三つめの世界(ピーの世界)にいるネーに届けさせてください。そうすれば、僕の頭痛が治るでしょう」と答えた。

オジらしき人が聞いた。「事故の時、ネーは誰を後ろに乗せていた? どこへ行くつもりだったんだ?」

「商店街に行こうと思った。誰も乗せてはいない」。ネーを最後にみたという村人が、誰かを後ろに乗せていたと証言していたので、このことを確認しようとしたのだった。

最後にネーは、母に向かい、「お母さん、僕はもう死にました」と告げ、目を閉じてがっくりとうなだれた。ネーが霊媒師の体から抜け出たということらしかった。

不思議なピーの世界に僕はすっかり魅了されていた。みんなが、泣き、笑い、喜びながら、霊媒師に憑依したネーと真剣に対話していた。ネーがどのように死んだのか、なぜ死ななければならなかったのかを必死に聞きだそうとしていた。はじめはどう接していいかわからず苦笑するしかなかった僕も、「これはなんなんだ」と思わずにはいられなかった。引き込まれていく自分を冷静にみつめる自分はいつの間にか消えていた。リアリティを感じはじめたといってよい。

みんながその存在を真実として信じている社会において、その存在は真実であるに違いない。みんながその真実を前提に行動する。その社会で、僕はどうやって一人だけ違う世界観を持ち続けることができるだろうか。僕だけが正しくて、みんながおかしいという自信をどうやって維持できるだろうか。彼らが真実と認めるピーの世界は、それなりに首尾一貫している。少なくともみんなといっしょにいる限り、ピーの存在に疑問をもつどころか、それが真実であることを折に触れて僕は確信させられるのだ。

「信じる」とはいったいどういうことなのだろう。一言で「霊媒を信じる」といっても、霊媒師が語る因果的な説明を文字通りの事実として解するのか、教訓のようなものとして解するのか、つねにあいまいなところがある。めいめい意見は違うし、互いに自信がなくてたずねあってもいる。村人のなかには少数だが霊媒を絶対信じないという人もいる。「信じる」ことの意味は、人びとのあいだでつねに揺れ動いているようだった。文脈によって変わるといってもよい。だとすれば、キリスト教徒が「神の存在を信じる」というときの「信じる」とどこが違うのだろう。霊媒を信じることによって、自分の存在に何らかの意味が与えられるから信じているのではないか。信仰、ある

写真39　コムローイと呼ばれる熱気球型灯ろう。厄除けに空に放たれる

いは信念の問題として考えてもよいのではないか。ラーたち一行が霊媒師に聞いたのは、ネーがなぜ死なねばならなかったのか、ネーの死にはなにか意味があるのか、ネーの死は自分の生にとってどんな意味を持っているか、という問いだった気がしてならない。

儀礼終了後、僕らは同じ敷地内にある休憩所のようなところで持ってきたお弁当を食べた。先ほどまで泣き崩れていた人びとが、口いっぱいに食べ物をほおばり、晴れやかな顔で談笑をはじめた。お昼をとうに過ぎていたから空腹のはずだったが、僕は胸がいっぱいでものがのどを通らなかった。辛さをこらえて口でシーハーいいながら、パパイヤサラダをつまむラーに、僕は儀礼の最中にずっと気になっていたことをたずねた。さまざまな理由で僕らはネー、つまり霊媒師から、二千五百バーツ以上ものお金をせびられたのではないか？　これは当時の村人の平均的な月収に相当する額である。

ラーはいった。「お礼として渡される五百バーツを差し引いて、残りは儀礼が終わった後にみんなに返されるはずだ」。

しかし実際に返された様子はなかった。僕がそれを指摘すると、ラーは黙って微笑んでいた。霊媒に「せびられた」という考え方そのものが、彼らにとってみればスキャンダルなのかもしれない。

命拾い

帰国する一ヵ月くらい前のことである。僕は高速道路をバイクで走っていて、転んだ。夜の一〇時半くらいだったと思う。速度は七〇キロくらい出ていた。翌日に人と会う約束があって、ランプーンからチェンマイへ向かう途中だった。路側帯を走っていて、突然何かに突っ込み、体がはじき飛ばされた。ぶつかる直前、スローモーションになり、死ぬかもしれない、と思ったことを覚えている。しばらくは体がしびれて動けなかった。あたりは田んぼで街灯もなく、真っ暗で、何が起きたのかわからなかった。どのくらい時間が経ったのかはわからない。その場でうずくまっていたが、幸い、後続の車はなかった。高速道路に座っているのは危険なことに気づき、体を無理矢理起こしてバイクのところへ戻った。手足をすりむいており、血が出ているようだった。意外にも、バイクはハンドルが少し曲がっただけで、まだ動きそうだった。

僕はなにかにぶつかった。しかしぶつかるまでそれはみえなかった。いや、ぶつかってもなににぶつかったのかわからなかった。

数メートル歩いて引き返してみると、そこには地面にへばりつくようにしてなにか丸くて黒い大きな物体があった。目をこらしてよくみると、それは北タイで脱穀のときに用いる直径三メートルはある大きなザルだった。それがひっくり返っていた。ほぼ真ん中に、バイクのタイヤが突っ込んだと思われるくぼみがあった。ぶつかったのはこれに違いない。夜の高速道路にこんなものが落ちているなんてだれが想像できるだろう。気づくのが遅れて当然だった。

奇跡的に僕のけがはそれほど大したことはなく、擦り傷と打ち身、ねんざ程度で済んだ。体中が痛かったが、それでもなんとかチェンマイのホテルまでバイクでたどり着き、知り合いに手当をしてもらった。

翌日、マイ村に戻った僕はラーにいった。「運をよくする儀礼をしたのにひどい事故に遭っちゃったよ」。半分は冗談、半分は嫌みのつもりだった。

すかさずラーはまじめな顔でいった。「儀礼をしたから、それだけの傷ですんだんでしょう」。なるほど、と思った。僕は高速道路で死んでいたかもしれなかったのだ。もしそうなっていたら、僕の霊は今頃成仏できずにピーの世界をさまよっていたことだろう。

第一二章　一身上の都合により

ジョブ・ホッピング

調査をはじめたばかりの頃、在チェンマイ日本領事館の方からこんなことを聞かされた。

「友人が集まったときによく話題になるのは、せっかく育てた人材がすぐ会社を辞めてしまうことです。ひとつの会社にいながらにして他社を受け、受かると前の会社に次の日から行かなくなる。給料をもらうと次の日から来ないんです」。

職場を転々と変えることをジョブ・ホッピングという。北部工業団地で日本人駐在員にインタビューすると、たいていこれを最大の悩みとして聞かされた。恩田プラスチックも例外ではない。前年の一年間に従業員二六一人のうち、延べで一八七人が辞めていた。これは月平均で一六人が去ったことになる。辞めた女性たちのほとんどは、数日すると、もう別の工場で働いている。実際に新しい制服を着て通勤する彼女たちをよくみかけたものだ。

「なぜ転職するんですか？」僕が神田社長に聞いた。

「少しでも給料のよいところへ移るんだよ」。

「会社への忠誠心がないんだ」と、山田さんが腹立たしげに付け加えた。

たまたま読んだ日本語の情報誌に、タイでは内部昇進の機会が限られており、米国と同様、転職が唯一の昇進の機会になっている、という経営コンサルタントの解説が載っていた。この説にはある程度の説得力がある。が、これですべてが説明できると僕には思えなかった。まわりをみていると、昇進に意欲的な人は限られていたし、そうでなくてもどんどん転職していたからだ。

転職する理由が知りたくて、庶務課が保管する退職願をひっくり返してみたことがある。「両親の仕事を手伝う」、「病気の母の世話をする」、「体の弱い子どもの面倒をみる」、「オジの商売を手伝う」など、ほとんどが家庭の事情を退職する理由に挙げていた。転職と直接に関係するようなことはなにも書かれていなかった。

ある日の終業後、僕は事務室でジョーと調べものをしていた。そこへひとりの作業員がすっとやってきて、ジョーの面前に書類をつき出した。退職願だった。子どものような字で、「会社を辞めるのは祖母の面倒をみる人がいないからです」と書いてあった。足早に帰ろうとする彼女を僕は廊下で呼び止めた。「どうして辞めるの？」

「祖母の面倒をみる人がいない、というのが一番の理由です」。

少し考えてから、僕はいった。「失礼かも知れないけど、給料に不満があったんじゃないの？」

「いいえ。でも、いまは一〇二バーツ（約四三〇円）もらっています。一年と七ヵ月働いたけど、昇給しませんでした。ふつう、新入社員でも一〇二バーツはもらえるんですよね」。

新入社員は作業員の最低ランクの給与、つまり日給一〇二バーツからスタートする。工業団地内の工場はだいたいどこもそうである。ということは、恩田プラスチックに二年近く勤めても、最低にランクづけされていれば、残っても、他社へ移っても、給与は一〇二バーツで同じことになる。

「どこかもう次に行く会社が決まっているんじゃないの?」僕はなんとか本音を引き出そうとした。

「決まっていません。次にまた働きに行くかどうかは、いまのところわかりません」。

誠実な人に違いない。しかし、どこか「立つ鳥跡を濁さず」という感じがした。本人は否定したけれど、給与に不満があるのかもしれなかった。いずれにせよ、彼女とは面識がなかったので、これ以上聞き出すのは無理と思われた。

事務室に戻り、ジョーに聞いてみた。「退職願に書かれた理由は信じられるものなの?」

「会社を辞めるとき、新しい仕事については話さないのがふつうよ。どこの会社に行くとか、これからどうするとかは、話題にしないのが礼儀なの」と、彼女はいった。

あとで僕はラーにも聞いてみた。笑いながら、彼女はいった。「わたしが辞めるときも、きっと『父と母の面倒をみる人がいないので辞めます』って書くと思う。『田中電気に行くから辞めます』と書いてはダメ。みんなわかっている。辞めるときの理由はいつも『家で父母を助ける』だけれど、そんなことをしている人はいない。本当のことなんていえない。ラタナー（辞めた作業員）もきっとそうだと思う」。

いわれてみて、思い当たった。僕が日本で会社を辞めたときも、「一身上の都合により」と書いた。上司に不満がある、なんて書かなかった。それと同じことだ。作業員から辞める本当の理由が簡単に聞けるなんて、思ったのが間違いだった。

大量辞職

年に一度の給与改定の時期になった。朝の会議で神田社長がいった。「ランプーンの最低賃金は、四月一日より（日給）一〇八バーツになる。これは前年比五・八八パーセント増。今年の伸び率が低いのは、ベトナムにおけるエンバーゴ（輸出禁止）解除が影響していると思う」。

過去五年間はタイ経済が順調だったこともあり、タイの法定最低賃金は毎年一〇パーセント程度伸びてきた。それに比べるとこの年の伸び率はかなり低かった。最低賃金が伸びないということは、恩田プラスチックの従業員の給与が伸びないということでもある。作業員の最低ランクの基本給は法定最低賃金に設定されているからだ。四月からの日給はCランクが一〇八バーツとなり、Bランクが一一一バーツ、Aランクが一一四バーツとなる。こうして、地域の経済状況や会社の経営状態とは関係なく、作業員の給与が決まるのだった。作業員の多くはこうした経緯を理解していないから、そのうちなにか問題が起きるかもしれないと僕はこのとき思った。

神田社長は日本語で続けた。「バンコクから組合の奴らが来て、最初は男に吹き込む。そしてその男たちが（夜間の）シフトのときに相談する。それで、ある朝、会社の門の前で仕事をしないように女たちに誘いかける。何人かは働かなくちゃこまるといって仕事をするだろう。しかし、この国では騒ぎになれば、法律は関係ない。違法行為であっても、ワーカー（作業員）は法律を知らなかったから許してやれと（政府は）いう。それで（作業員が）一〇〇〇バーツ（の賃上げ）を要求したら（会社は作業員に）五〇〇バーツを払えと（政府は）いう。ワーカーにしたら、騒ぎ得だ」。この頃、賃上げやマネージャーの更迭を求めるストライキがバンコクで散発的に起きており、社会問題にまでなっていた。今回の昇給をきっかけに、それが北タイに飛び火するのを社長は恐れているのだ。会議でこの社長の発言が通訳されることはなかった。

会議が終わり、日本人だけになった。タバコを一服すると、社長はふと思い出したようにいった。「うちの奥さんから聞いたんだけど、このあいだ、日本語の授業の最後に、ベンが日記を書いたんだって。そこにさぁ、『わたしは納期を守って出荷ができると本当に嬉しい。涙が出るほど嬉しい』って書いたんだってよ。たまたまその日に保険会社との飲み会があったんで、この話をしたら、『タイ人でもこんな偉い、日本人のような考え方の奴がいるのか。貴重だ』って、いってたよ」。

さらに社長は、ベンのような社員こそ会社の救いであり、本当にかわいい、と満足げにいった。僕は黙って苦笑した。ベンは奥さんから社長へ話が伝わるのがわかっていてそう書いたに違いなかった。

数週間後、組立課で給与明細が配られると、にわかに騒がしくなった。タイではふつうに従業員が互いの給与をたずね合い、教え合い、一喜一憂する。その日のうちに、だれがいくらの給与かということは、みんなが当たり前のこととして知るところとなった。

ラーは部下から質問攻めに遭っていた。「仕事をしないでおしゃべりばかりしている人がどうしてBランクの給料なの？」「五ヵ月しか働いていない人がBランクで、わたしは二年も働いているのになぜCランクなんだ？」「あんなに休んでばかりいる人がどうしてAランク？」凄まじい剣幕に、さすがのラーもたじたじだった。「わたしには答えられない。わたしが給料を決めているわけじゃないから」。

班長は毎月班員を評価している。命令に従うか、作業が上手か、会社をよく休むか、仕事中おしゃべりが多いか、トイレによく行くか、などをみながら、一〇点満点で点数をつける。ところが、ふつうはあまり差をつけない。ほぼ全員に八をつける。良くて九、悪くても七である。よほどでないと七をつけないのは、「かわいそうだから」だと、班長たちは口を揃えていった。その七をラーがつけたにもかかわらず、給与でBランクを得た班員がいた。そんなことは部下に明かせないから、「あとでジョーに聞いてくる」といってラーはその場を収めた。

休憩時間を待って、ラーは事務室へ行った。ジョーは面倒くさそうに答えた。「わたしが決めているのではない。マネージャーが決めているんだから、ベンに聞いてくれ」。しかたなくラーは組立課へ戻った。しかしベンもまともに取り合ってくれなかった。「わたしは知らない。上（事務室）へ行って聞いてくれ」。

結局、ラーは部下たちを納得させる説明ができなかった。その日、家に帰ってからラーは僕に愚痴をこぼした。「仕事のできない人には班長が悪い点をつけているのに、給料は他の人よりいい人がいる。ベンが決めている（のではないか）？　ベンの村から来ている人ばかりが給料が高いというウワサもある！」

僕は組立課の給与がどうやって決まるのかを担当部長である前山に聞いてみた。「ベンと相談して決める」と彼はストレートに答えた。ただし、主任や班長の給与に口を出すことはあるけれど、ひらの班員に関してはベンの提案をそのまま認めているともいった。ベンは部下の突き上げを恐れて、自分が決めていることを隠していたのだ。

このことを僕はラーにいえなかった。いえば、組立課はさらに混乱していただろう。給料日から一〇日あまりのあいだに、四〇数名の作業員が恩田プラスチックを去ったが、そのなかにはラーに詰め寄った部下ふたりも含まれていた。

僕は組立課の班長プーからこういわれたことがある。「組立課ではみんなに給料がいくらかを聞かれる。仕事ができるできないはその人の給料で評価される。たとえば、キョウさんの給料が一万バーツで、前山さんの給料が一万八〇〇〇バーツだとすると、みんなは前山さんのほうがキョウさんより仕事ができないと考える」。

もしかしたら、昇給額そのものではなくて、評価への不満、あるいは不公平感のようなものが、多くの人の退職理由なのではないか。ほぼ同時期に入社し、いっしょに仕事をし、遊ぶ、友だちグループのなかで、高い評価を受けた者も、低い評価を受けた者も、居心地の悪さを感じているようだった。

僕はラーに聞いてみた。そうかもしれない、といってから、友人のあいだで優劣のつくことがいかに微妙な問題であるかを自分の例をもちだして説明してくれた。「同じ村に住むナムは、わたしの紹介で恩田プラスチックに入った。その頃はふたりともただの班員だった。給料が変わったとき、組立課で四人だけがAとなり、ラーもそのうちのひとりだった。ナムはBだった。彼女はラーを妬んだ。ある日、ラーは大きいサイズの部品を組み立てていて、手が痛くなった。昼休みになり、『手が痛い』とナムにいった。そのときナムは、『痛くたっていいじゃない。お金をたくさんもらっているんだから』といった。ラーは腹が立ち、『わたしが神田に頼んだわけじゃない。彼が勝手に決めたことでしょう』といい返した。これが一年くらい前の出来事で、それ以来、私たちは会話していない。子どもの頃からずっと親友だったのに」。

委細面談

恩田プラスチックで新たに作業員を募集することになった。といっても、たいそうなことをするわけではない。工場の門に貼り紙をして、面接の日時を知らせるだけだ。これだけでもけっこう人は集まる。他社の労働者がおおぜい門の前を通るし、求人の貼り紙を探して工業団地内をバイクで行ったり来たりする若者もいる。そして、なによりも恩田プラスチックの従業員の口コミを通じて、彼らの親戚、友人、知人に伝わっていく。

紙が貼り出された日の朝、ラーの兄から工場にいる僕に電話がかかってきた。「いわれたとおりに会社に来たんだけれど、応募はもう締め切ったと守衛にいわれた」。門の前の電話ボックスからかけてきていた。ラーの兄は地元の肥料工場に勤めているが、給料が悪く、諸手当もない。そのうえ無給の休みが多い。それで、僕が今回の募集のことを教えると、ぜひ応募したいといってきた。

さっき貼り紙をしたばかりなので、締め切ったはずはない。僕は慌てて担当者のジョーに聞いた。すると、守衛が応募を締め切ったというのは、応募用紙がなくなったという意味だろう、男性の募集は四名なので、応募用紙は一〇枚しか配らない、とジョーはいった。そして、「四人しか採らないのに、そんなに大人数の応募資料の処理はできない。時間がかかりすぎる」と言い訳した。彼女と話していても埒があかないと思ったので、僕は前山に相談することにした。

写真40　門に貼られた求人の貼り紙。募集する作業員の人数、性別、年齢制限、面接の日時などが書かれているだけだ

「前山さん。事務処理が面倒だからって、四人の募集に一〇枚しか用紙を配らないってこと、知ってました？」

「そうなんですか？　今回のことは知りませんけど、事務がたいへんだから、面接のときに人を減らしているというのは聞いていました。僕も変だなとは思ってたんですよ。だけど、それがどうかしましたか？」

「弱ったな。知り合いが受けたいっていうからこの時間に来させたんだけど、彼が来たら、もう応募用紙がないっていうんですよ」。

「じゃ、個人的に面接しましょう。みんなやってますから大丈夫です」。前山はジョーに新たに応募用紙を出すように命じた。ジョーは黙ったまま不満げな顔で担当者に用紙を出させた。

数日後、僕は面接に立ち会った。ジョー、ベン、前山の三人が面接官だった。数えてみると、男性の応募者は一六人いた。門で配った応募用紙は一〇枚のはずだから、ラーの兄の他に、個人的に応募用紙を入手した者が五人もいることになる。「一六人もいるんだ！」と僕はわざと大きな声を出し、ジョーをにらみつけたが、彼女は知らん顔をしていた。

面接はひとりにつき五分から一〇分くらいだった。履歴書をみながら、面接官が記載事項をひとつ一つ確認していく。それだけで一〇分もかかるのは、履歴書がかなりいい加減に書かれているからだった。未婚と記されていても、ジョーは改めて「結婚していますか？」と聞く。すると、「はい」と答える人もいる。さらに「子どもがいますか？」と聞いて、「はい、一歳になります」と答えが返ってくることもある。なぜか？

理由はこうだ。結婚しても、役所に届ける人もいれば、届けない人もいる。たいていは子どもが生まれるまで届けない。あるいは、生まれても、学校に上がるまでは届けない。そのほうが離婚したときに楽だからだ。そのうえ、履歴書に身分証明書どおり記入する人もいれば、事実上のことを書く人もいる。それでは、事実上どうやって既婚と認めるのかとジョーに聞くと、いっしょに住んでいるかどうか、あるいは、年寄りを呼んで（婚姻）儀礼をしたかどうかだという。

「現在の職業」欄はほぼ全員が空白だった。それでもジョーが、「いま、どこの会社に勤めていますか」と聞くと、どこどこの会社で働いています、という答えがちゃんと返ってくる。当たり前のように、ジョーは履歴書の欄外に答えを記入した。履歴書には書かずに面接で答えるのがふつうなのだとジョーはいった。それではなんのための履歴書だろう、と僕は思った。

全員の面接が終わり、面接官の話し合いがはじまった。最初に、家が遠すぎるという理由で、ジョーはふたりの候補者を外した。僕は聞いた。「なんで？」

「遅刻や欠勤が多いから」。

次に、工場労働の経験がない四人を不採用にした。僕はまた聞いた。「なんで？」

「時間を守らないし、会社のいうことを聞かないから」。元工場労働者、それも工業団地で働いた経験のある者を優先的に採用するそうだ。（注1）

今度は、高卒だからという理由でベンがひとりを不採用にした。「高卒は他のところでも働けるから、採らないほうがいい」。不思議な論理だった。タイは学歴偏重の社会であり、高学歴者はそれに見合う待遇を求める。転職も容易だから、不満があればすぐ辞める。だから高学歴者は採用しないほうがいい、というのである。これは言い訳なんじゃないかと僕は思った。タイのマネージャーは自分と同等か、それ以上の学歴の者を部下として採用しない傾向が強い。素直に命令を聞かないし、将来、自分のライバルになることを恐れるからだった。同様の理由で、自分より年上の者も採用しなかった。

しかし蛇の道はヘビだ。応募するほうもそのことは知っているから、学歴の高い者のなかには虚偽の申告をする者もいる。高卒や高専卒が、中卒、小卒と偽って応募してきた。逆もあった。友人の卒業証書をコピーして偽造し、小卒が中卒、未修了が小卒と偽っていた。(注2)

四人の採用に、まだ九人の候補者が残っていた。ジョーとベンは履歴書をみせ合ったり、目配せしたりしながら、トランプを切るように履歴書を一枚一枚捨てていき、最終的に四人に絞った。そこではじめて僕が口を出した。「ちょっと待って」。面接での受け答えがよく、ラーの兄は好印象を持たれたようだったので、楽観していたのだが、四人のなかに残っていなかったのだ。

履歴書には知人の名前を書く欄がある。そして会社は従業員の親族や隣人を優先的に採用する。紹介者が一応の身元引受人のような役割を果たすのだ。じっさい、紹介があって入社した新人は、問題を起こしたり、すぐ辞めたりすることが少ない。面接で聞かれ、ラーの兄は妹の名前を挙げた。僕の名前は出さなかった。僕も黙っていた。日本人がタイ人のために特別な便宜を図るのは、微妙なことかもしれないと思ったからだ。

露骨なことはしないほうがいいだろうと僕は思った。どうしてもと僕がいえば、逆にジョーとベンは反発するかもしれなかった。そこで僕はまず彼女たちが選んだ四人のうちのひとりについて文句をいった。「彼は成績証明書が出ていない!」提出義務のある成績証明書を出していないにもかかわらず、最後の四人に残っていたのである。

ところが、「入社までに揃えればいい」といって、ジョーとベンは無視しようとした。「それじゃ、成績が悪いのに証明書を出している人がかわいそうじゃないか！」と僕は異議を唱えた。じじつ、悪い成績の証明書を出して、「アヒルの行列（オール2）」と笑われたうえに落とされた候補者がいたのだ。

彼女たちはわざとやっている、とこのとき僕は感じた。ラーの兄を不採用にすれば、僕の面目は丸つぶれになる。そのことがわかっていて、僕の邪魔をしようというのだ。

就職を斡旋してもらうことを「仕事を頼む」（ファーク・ンガーン）という。タイ社会でそれなりの地位にある者は、親族や友人から就職の斡旋を期待されている。ジョーやベンもいろいろと頼まれるだろう。でも、彼女たちは公の場で頼まれたとはいわない。ただ、面接でその人の印象がよくなるように、質問を工夫したり、ちょっとした長所を大げさに誉め讃えたりして手助けする。暗黙の了解があり、ジョーとベンは互いに邪魔し合わないようにしている。あなたのいうとおりその人を採用してもいいけれど、わたしのときにも協力してね、というわけだ。結果として、頼んだ人物が採用されれば、恩を売るだけでなく、具体的な見返りを得ることもある。うわさでは、謝礼にひと月分の給料が渡されることもあるという。頼まれて採用することは、ひとつの役得なのだ。

そんなところへ僕が割って入ろうとしたから、彼女たちは強く抵抗したに違いない。ジョー、ベンと僕とは言い争いになっていた。こちらも後には引けなかった。僕の顔色が変わっていたのだろ

写真41　組立作業を練習する新人。この女性は当時としては珍しくメガネをかけていた

う。前山が心配そうに「どうしたんですか?」と日本語で聞いてきた。彼には僕らがなにをもめているのかがわからなかったのだ。前山のほうに向き直り、僕は事情を説明した。すると、前山が力強くいった。「いいです。もうひとり採りましょう」。ラーの兄は五人目の採用者となった。

今回のような大量辞職は例外的なものだが、恩田プラスチックでは毎月一割近くが辞めていく。会社はいっさい慰留せず、辞めた分を新規に採用して補っている。採用の際には工場の経験者を優先する。生産量を減らそうと考えているときは、採用を控える。これでレイオフや解雇をしなくてすむ。逆に増産したければ、その分多く採用する。つまり、いつもある程度の人数の従業員に辞めてもらったほうが、会社にとっては都合がいい。日本ならこうはいかないから、タイに生産拠点を置く利点のひとつかもしれない。

ということは、会社はある程度意図的に自分のところの従業員数を毎月減らす一方で、生産計画に合わせて、他の工場から作業員を補充している、ということになる。これで会社がジョブ・ホッピングを嘆くなんて、ずいぶん勝手な話だ。

まぼろしの運動

作業員は不満があればただ辞めていくだけだが、マネージャーの場合は話がもう少しややこしい。彼らは直接、間接に、日本人マネージャーと交渉しようとする。それは彼らがその能力と手段をもっているからであるが、それとともに転職すると失うものが多いからでもある。いくら高学歴で能力が優れていても、入社してすぐに管理職になれることは少ない。何年か働いて経験を積み、信頼を得て、マネージャーになっていく。そうしてやっと地位を築いたのに、転職すると、いちからやり直しになってしまう。

組立課の班長会議でベンがいった。「倉庫や射出成型課に材料を取りに行くとき、これからは急ぐ必要はない。彼ら（倉庫や射出成型課の作業員）は急いで仕事をするなといっている。給料を上げてもらっていないからだ。出荷の予定日に間に合わなくてもいい。給料が上がらないということは、神田が我々の仕事はよくないと考えているということだ。だから神田が考えているとおりにすればいい」。神田社長にぜひ聞かせてやりたいセリフだと僕は思った。

昇給が少なかったことの他に、ベンには作業員にはない不満があった。それは、契約により、管理職であるベンには残業手当が出ないことだった。ベンと品質管理課長のグンにはマネージャーとしての監督責任があり、残業には毎回参加させられる。そしてこの間、残業が増えていた。ラーによると、ジットがベンにこういったそうだ。「ふつう、ベンと同じくらい偉ければ、他の会社なら一万バーツは（月給を）もらっている。マネージャーだからって、残業してもお金をもらえないなら、残業する必要はない。残業のお金をもらえるように前山や人事と交渉すべきだ。ベンが残業しなければ会社は困るに決まっている」。おべんちゃらとも嫌みともつかないいい方だったそうだ。ベンはなるほどという顔をして聞いていたらしい。

ラーが僕にいった。「あんなの全部ジットの策略だよ。ジットはベンに会社で問題を起こさせたいんだ。会社に嫌われるように」。マネージャーどうしの化かし合いはよくあることだった。

ジットのいうことを信じたのでもないだろうが、「これからは残業なんかする必要がない」とベンは最後にいったらしい。これを聞いて、一瞬、ジットがニヤリとしたようだった、とラーはいった。こういうことに関してジットはベンより何枚も上手だった。

この日から、組立課で残業に応じる者がめっきり減った。恩田プラスチックの残業は任意である。定時で帰りたければ、帰ってよい。会社が勧告することもあるけれど、あくまでお願いであって、従業員の自主性に任せられている。それでも、ふだんなら、残業を嫌う従業員はあまりいない。時間給が倍になるのでかえって歓迎されるくらいだった。じっさい、恩田プラスチックの嫌いな点をたずねて、「残業が少ないこと」と答える者がたくさんいたのである。だから、このとき残業参加者が少なかったのには、明らかに会社にたいする抗議の意味合いがあった。ベンの命令に従ったというのではなく、彼女のことばに共感するところがあったから、同調したのだろう。

そんなある日の昼休み、ベンと品質管理課長のグンが、管理部長のダムに付き添われて、社長室に入るところを僕はみかけた。それからずいぶん長いあいだ出てこなかった。なにかあると直感し、前山に聞いてみたが、知らないといった。休憩時間が終わりかけた頃になってやっとドアが開いた。出てきたダムに前山が聞いた。「なんの話?」

「話せない」といい、ダムは人差し指で口を封じてみせた。そして意味ありげに微笑んだ。

僕が組立課に降りていくと、ベンが部下に囲まれていた。「神田社長に呼ばれ、残業するようにみんなを指導しろといわれた」。これしかベンは答えなかった。ジットはグンを呼び出し、なにかを聞き出そうとしたが、うまくいかないようだった。

この日、ベンは残業した。それだけでなく、部下たちにも「残業して会社を助けよう」と呼びかけた。あまりの転身ぶりに、みんなが怪訝な顔をしていた。僕はグンをつかまえてなにかを聞き出そうとした。一応、僕は彼女の上司だし、品質管理運動ではいろいろと面倒をみてきたので、なにかを話してくれると思ったのだ。

「おととい、ジョーが下（組立室）に降りてきて、ベンと話をした。残業代のことと、給料が安いことについて。ジョーはベンに、交渉すれば残業分の給料がもらえるようになるだろう、といった。（中略）そこでベンはダムに、残業してもお金がもらえないなら残業しない、といった」。グンの話は信用できそうだったが、すべてをベンのせいにしようとするところがあった。

その後で、僕はラーに、組立室でなにがあったかを聞いた。「今朝、組立室で作業員の給料を上げてもらうために、みんなで署名した手紙を出そうという話が出た。これはベンがもちだした話である。ベンの給料が少ししか上がらなかったからだ、とジットはいっていた。組立課で神田宛の手紙をタイ語で書いて、（庶務課の）ジョーが英語に訳す。ジョーもいま、（昇給が少ないことに）怒っているので協力するんだといっていた。ベンが午前中に手紙を書き、午後にみんなで署名することになった。それなのに、知らないあいだにこの話は立ち消えになった。話は会社全体に行き渡っていて、どうして手紙が回ってこないんだ、とみんなでたずねあっていた」。

翌日、僕は前山に頼んで神田社長から事情を聞いてもらった。それをこれまでに聞いた話と総合すると、こんなふうになる。ベンもグンも、それからジョーも、新しい自分の給与に不満をもっていた。ベンが呼んだのか、ジョーが自分から降りていったのかはわからない。社長室で密談がおこなわれる二日前に、ふだんはとても仲が悪いジョーとベン、グンが相談し、会社と賃上げ交渉をする話がまとまった。おそらく団体交渉というアイデアを出したのはジョーだろう。彼女は人事を担当する庶務課長という役柄上、個人的な不満を直接社長にぶつけることができなかった。それでベンとグンをそそのかし、みんなを利用して自分の給料を上げさせようとしたに違いない。

次の日、ベンは組立課の班長会議で経緯を説明し、団体交渉の手はずを整えた。会社が給料を上げてくれないのだから、これからは残業する必要はない、とベンがいったとき、歓声が上がったという。同じ日、組立課では組立ラインを動かすのに必要な人数が集まらず、残業は中止になった。

ジョーは上司のダムに相談したらしく、ダムは社長に、ベンとグンが作業員をまとめて賃上げ要求をするつもりです、と報告した。彼女たちに入れ知恵したのはジョーのはずなのに、このときは不穏な動きを日本人に伝える密告者に早変わりしていた。さらには、ベンとグンに残業代さえ払えば、なんとか事態は収拾できるだろう、とダムかジョーか、どちらかが神田社長に進言したらしい。社長はただちにベンとグンを呼び、残業代は払う、その代わり、残業するように作業員を指導しなさい、といった。ただし、このことはだれにもいってはいけないよ、とダムが付け加えた。彼女たちはこれを受け入れ、いったという。不満をもっているのは作業員たちで、我々は彼らから社長と交渉して欲しいと頼まれたのです。でも大丈夫です。（残業するように）説得できると思います。

訳がわからなかったのは、組立課の作業員たちだった。いつまで待っても署名するはずの手紙は回ってこなかった。それどころか、ベンに残業を勧められた。みんな狐につままれたようだった。

（注1）工業団地で働いている者は、比較的容易に次の働き口がみつかることになる。職場を変えることを僕は「転職」と呼んだけれど、厳密にいうと、彼女たちは職業を変えるわけではない。工場を辞め、しばらく家で休んだとしても、ほとんどがまた工業団地に戻ってくる。また工場労働者になるのである。

（注2）年齢を詐称する者もいた。三〇歳以下しかいないはずの組立課に、それ以上の作業員が何人かいた。主任ジットのケースはかなりすごかった。二九歳だといい、国が発行する身分証明書にもそう記載されていた。僕とひとつしか違わないのに、ずいぶん艶っぽく、横柄な奴だと思っていた。僕が工場を辞めてから教えてくれたのだが、本当の年齢は三七歳だという。

おわりに

以上がこの一九ヵ月のあいだに僕に起こった出来事である。最初に書いたように、この本は僕のフィールドワーク体験記だから結論のようなものはない。代わりに、調査でわかったことの概略をここで紹介したい。より詳しく知りたいと思われた方は拙著をお読みいただけると幸いである（『村から工場へ――東南アジア女性の近代化経験』二〇一一年、NTT出版）。

僕が調査で知りたいと思っていたことはふたつあった。ひとつは、タイの農村の若い女性たちが近代的な工場にどう適応しているか。もうひとつは、工場労働が彼女たちの生活にどんな影響を与えているか。

タイの日系工場の建物や設備、作業手順、ノルマ、評価体系などは、日本の工場のものとほとんど変わらなかった。労働者には工場労働に適した近代的な行動様式をとることが求められていた。たとえば、時間を厳守すること、明文化された規則に従うこと、決められたペースで作業をすることなどだ。しかし、だからといって彼女たちが強いストレス状態に置かれたり、抑圧されていると感じたりしていることはなかった。意外にも、すんなりと工場に適応しているようにみえた。これはなぜだろうか。

それは、タイの農村女性がきわめて短期間のうちに近代的な行動様式を身につけるようになったからというわけではない。工場労働に適応しているようにみえたのは、工場でも農村の伝統的な仕事のやり方がほぼそのままのかたちで通用するからだった。農村社会では相互扶助の論理や名誉の感覚が行動の原理となっていた。そして、これとほぼ同じものが工場の上司と部下のあいだでもみられたのである。部下はベルトコンベアの速度を調節したり嘘の実績報告をしたりして、自分たちの作業ペースをほどよい程度に維持していた。それでも監視役である上司が部下を厳密に監視したり、怠惰やスキル不足を面と向かって非難したりすることはなかった。上司が遠慮しているのである。ただし部下のほうでも、上司や同僚に思いやりや協調性を示すため、あるいは怠惰やスキル不足、自分勝手と同僚からみられないために、まじめに働こうとする意識を持っていた。経済人類学のいい方でいえば、工場労働は純粋な経済活動ではなく、農村の社会関係や価値観のなかに埋め込まれていたのである。

これはなぜだろうか。どうしてこんなことが起きているのか。僕が調査でみつけた理由は以下のようなものだ。まず、労働者の大半は近代的な産業労働の経験がない地元の若い女性たちであり、彼女たちの身体のなかに染み込んでいる行動様式や価値観は、働く場所が変わったからといって容易には変わらない。また、二〇〇名を越えるタイ人をわずか数名の日本人だけで管理するには限界がある。しかし、これら以上に重要なことは、そもそも労働者が会社の命令に必ずしも従わなければならないと思っていないことだった。彼女たちの多くは工業団地周辺にある自分の家に家族とともに住んでいた。稲作や畑作、家畜飼育などの仕事もしていたし、季節に応じて山や川でいろいろな食物を採集していた。親族を中心とする相互扶助のネットワークもあった。それゆえ工場を辞めても生活に窮することにはならなかった。そのうえいったん工業団地で働いた経験のある者は次に団地で職に就くのが容易だった。つまりいつでも工場を辞められる状況にあったのだ。だから労働者は、上司の命令を無視したり拒否したりすることにためらいを感じていなかった。一方で、部下に辞められると困る上司には、本当の意味で部下を監視したり部下に強制したりすることができなかったのである。

工場でも農村と同じ調子で働くことができたからといって、タイの労働者たちが組立作業を楽しいとか、やりがいがあると感じていたわけではない。むしろ逆だった。単調な仕事にうんざりしていた。しかしそれでも工場で働くことを、村にいて農作業に従事するよりはずっと好ましいことだと考えていた。これはなぜか。一言でいえば、工場で働くことが彼女たちにとって「モダンな」女性になることを意味するからだった。

農作業と比較すれば、工場労働は格段に楽である。力はいらないし、座ったままでできる。職場は清潔で、エアコンが効いている。若い女性には日焼けしないこともうれしい。工場に父や夫、母やオバはいないから、行動を監視されたり口やかましく注意されたりすることはない。そのうえ収入は安定している。月平均でみれば、父や夫より工場労働者の収入が多いのがふつうで、姉やオバと比べれば二倍から三倍になる。この収入で彼女たちはローンを組み、家を建てたり、最新式の家電製品や高級な家具を揃えたりすることができる。さらにその一部は、化粧品や洋服を買ったり、パーティーやショッピング、旅行に出かけたりといった「モダンな」ライフスタイルを享受することにも当てられる。こうした消費活動を通じて、彼女たちは以前より「自由になった」、「モダンになった」と感じるようになっていた。

こうした新しいライフスタイルをつくるうえでは友人の存在が重要だった。工場で友人になる相手は、たいてい親族ではない同年代の女性である。親族といっしょのときは女性として守らねばならない伝統的規範がいろいろとあるのだが、工場の同僚となら、恋愛や夫婦の悩み、外出やショッピングなどについて自由に語り合えたし、実際にやってみることができた。これは彼女たちにとってワクワクする経験だった。さらには友人どうしでの「モダンな」女性になるという競争が互いの消費意欲を刺激していた。その結果、少なくとも職場の友人とのあいだでは、これまでは当たり前のことと考えてきた伝統的な価値観や行動パターンに、「時代遅れ」、「野暮な」といった否定的な評価を与えるまでになっていた。

それではタイの若い女性は工場労働を通じて本当の意味で自由になったといえるのか。実をいえば、彼女たちが思うほど自由になったとはいいがたいというのが僕の結論だ。理由はふたつある。ひとつは、たとえ工場である程度の自由なライフスタイルを楽しむことができたとしても、家や村での彼女たちの役割はほとんど変化していなかったからだ。男性や、工場で働けない三〇代以上の女性は保守的なままで、変化を拒み続けており、工場で働くことで変化する若い女性についていけなかった。そして、今までと同じように彼女たちの行動を管理しようとした。もともと若い女性は農村社会でもっとも従属的な地位にあったから、いくら高収入を得るようになったからといって、それで自由が認められるようになるわけではなかった。

確かに工場労働で得た収入で、自分たちの生活を能動的に変えてきたということはある。家計に貢献し、家を新築し、家電製品を揃えることで、家を「モダン」に変容してきた。しかしこれは、農村の女性にとっては伝統的に、その名誉の基礎が、家がいかにきれいで立派かということにあったからでもある。つまり家をきれいにすることは伝統的規範に服従することでもあり、その規範のもとで自らが「勤勉である」とか、「よい女性である」といった評判を得ることになるからこそ、彼女たちは収入の大半を家につぎ込んでいたのだった。しかも彼女たちはローンを組んでそれらのものを購入していたから、ローンを払い続けるために工場を辞められなくなっていた。

自由になったとはいえないもうひとつの理由は、彼女たちが自ら自発的に選び取っているようにみえたライフスタイルの実践も、実際には消費資本主義へ順応するように強制された結果であるとみることができるからだ。彼女たちにとっての自由とは、農村での従属的な地位や抑圧的な社会関係から解放されることを意味した。彼女たちはこれを自らの意志で能動的におこなっていると考えていた。しかしこの「自由」で手に入れたものとは、テレビコマーシャルやカタログなどで「モダンな」と紹介される、多くはグローバル企業がつくった消費財であった。言い換えると、支配的な文化によって「モダン」だと決められたものを消費したときだけ彼女たちは「モダン」になることができた。なにかを禁止されたり強制されたりしていたわけではない。だが、特定のライフスタイルを自ら選び取るように巧妙に誘導されていたのだ。

経済活動を通じて世界中の人びとが国境を越えてより緊密に結びつけられるようになるなかで、異なる文化や価値観が混ざり合う環境が現在ではふつうになっている。そこで生じる困難や摩擦をいかに解決するかを考えるために、僕の専門である経済人類学の成果がますます必要とされている。

フィールドワークの楽しさはロールプレイングゲームに似ている。日頃の自分とは少し違うキャラクターを演じながら、フィールドで与えられる試練を乗り越え、文化の秘密を解き明かすという目的を目指す。冒険をしながら情報を集め学んでいくうちに、さまざまな謎が解けてくる。自分の経験値が上がっていくのを実感する。まったく無関係と思われたいくつかのエピソードが最終的にひとつのストーリーにつながっていく過程は、このうえないフィールドワークの魅力だと思う。

なお、この本は基本的には書き下ろしという体裁をとっているが、第二章と第一一章以外はすでに雑誌に発表したものに加筆し改稿した。連載時に編集を担当してくださった石川泰子さんと、改稿に際して丁寧な助言をくださった高城玲さん（神奈川大学）にお礼を申し上げる。

本書の刊行に当たっては、臨川書店の西之原一貴さんにたいへんお世話になった。感謝申し上げたい。

平井京之介（ひらい　きょうのすけ）

1964年東京都生まれ。ロンドン大学ロンドン経済政治学院人類学部博士課程修了。Ph.D.（社会人類学）。国立民族学博物館教授・総合研究大学院大学教授。
専門は社会人類学・東南アジア研究・日本研究。経済と文化、上座部仏教、社会運動などをテーマに研究をおこなっている。主な編著書に『村から工場へ――東南アジア女性の近代化経験』（NTT出版、2011年）、『実践としてのコミュニティ――移動・国家・運動』（京都大学学術出版会、2012年）などがある。

フィールドワーク選書 2
微笑みの国の工場
タイで働くということ

二〇一三年十一月三十日　初版発行

著者　平井京之介
発行者　片岡敦
印刷製本　亜細亜印刷株式会社
発行所　株式会社臨川書店
606-8204 京都市左京区田中下柳町八番地
電話（〇七五）七二一―七一一一
郵便振替　〇一〇七〇―二―八〇〇

落丁本・乱丁本はお取替えいたします
定価はカバーに表示してあります

ISBN 978-4-653-04232-7 C0399
〔ISBN 978-4-653-04230-3 C0339　セット〕

フィールドワーク選書　刊行にあたって

編者　印東道子・白川千尋・関　雄二

人類学者は世界各地の人びとと生活を共にしながら研究を進める。何を研究するかによってフィールド（調査地）でのアプローチは異なるが、そこに暮らす人々と空間や時間を共有しながらフィールドワークを進めるのが一般的である。そして、フィールドで入手した資料に加え、実際に観察したり体験したりした情報をもとに研究成果を発表する。

実は人類学の研究でもっともワクワクし、研究者が人間的に成長することも多いのがフィールドワークをしているときなのである。フィールドワークのなかでさまざまな経験をし、葛藤しながら自身も成長する。さらにはより大きな研究トピックをみつけることで研究の幅も広がりをみせる。ところが多くの研究書では研究成果のみがまとめられた形で発表され、フィールドワークそのものについては断片的にしか書かれていない。

本シリーズは、二十人の気鋭の人類学者たちがそれぞれのフィールドワークの起点から終点までを描き出し、それがどのように研究成果につながってゆくのかを紹介することを目的として企画された。なぜフィールドワークをしたのか、どのように計画をたてたのかにはじまり、フィールドでの葛藤や予想外の展開など、ドラマのようなおもしろさがある。フィールドで得られた知見が最終的にどのように学問へと形をなしてゆくのかまでが、わかりやすく描かれている。

フィールドワークをとおして得られる密度の濃い情報は、近代化やグローバル化など、ともすれば一面的に捉えられがちな現代世界のさまざまな現象についても、各地の人びとの目線にそった深みのある理解を可能にしてくれる。また、研究者がフィールドの人々に受け入れられていく様子には、人間どうしの関わり方の原点のようなものをみることができる。それをきっかけとして、人工的な環境が肥大し、人間と人間のつながりや互いを理解する形が変わりつつある現代社会において、あらためて人間性とは何か、今後の人類社会はどうあるべきなのかを考えることもできるであろう。フィールドワークはたんなるデータ収集の手段ではない。さまざまな思考や理解の手がかりを与えてくれる、豊かな出会いと問題発見の場でもあるのだ。

これから人類学を学ぼうとする方々だけでなく、広くフィールドワークに関心のある方々に本シリーズをお読みいただき、一人でも多くの読者にフィールドワークのおもしろさを知っていただくことができれば、本シリーズを企画した編集者一同にとって、望外の喜びである。

（平成二十五年十一月）

印東道子・白川千尋・関　雄二 編　**フィールドワーク選書**　全20巻

四六判ソフトカバー／平均 200頁／各巻予価　本体 2,000円+税　臨川書店 刊

1 **ドリアン王国探訪記** マレーシア先住民の生きる世界　信田敏宏 著　本体二、〇〇〇円＋税

2 **微笑みの国の工場** タイで働くということ　平井京之介 著　本体二、〇〇〇円＋税

3 **捕鯨文化の現実** 北極海にクジラを追う人びと　岸上伸啓 著

4 **南太平洋のサンゴ島を掘る** 女性考古学者の謎解き　印東道子 著

5 **人間にとってスイカとは何か** カラハリ狩猟採集民と考える　池谷和信 著

6 **南米アンデス文明の発掘と盗掘**　関　雄二 著

7 **タイワンイノシシの肉と骨を追う** 民族学と考古学の出会い　野林厚志 著

8 **身をもって知る技術** マダガスカルのヴェズ漁師に学ぶ　飯田　卓 著

9 **変貌するフィールドワーク** モンゴル草原の生活世界とともに　小長谷有紀 著

10 **西アフリカを掘る**　竹沢尚一郎 著

11 **身体でみる異文化の世界**　広瀬浩二郎 著

12 **インド染織の現場**　上羽陽子 著

13 **シベリアで生命の暖かさを感じる**　佐々木史郎 著

14 **人類学者が運命論者になるとき** 南アジアのナショナリズム研究　杉本良男 著

15 **言葉から文化を読む** アラビアンナイトの言語世界　西尾哲夫 著

16 **イタリア、ジェンダー、そして私**　宇田川妙子 著

17 **コリアン社会の変貌と越境**　朝倉敏夫 著

18 **故郷中国をフィールドワークする**　韓　敏 著

19 **仮面の世界を探る** アフリカ、そしてミュージアム　吉田憲司 著

20 **病とむきあう** オセアニアの医療と伝統　白川千尋 著

＊白抜は既刊・一部タイトル予定